OPTIMIZA
ACTITUDES DE LIDERAZGO
PARA INCREMENTAR
AUN MAS TUS
GANANCIAS

OPTIMIZA ACTITUDES DE LIDERAZGO PARA INCREMENTAR AUN MAS TUS GANANCIAS

KARLA GARCIA

RECOMENDACIÓN

Felicidades por tener este libro en tu vida, significa que hay un sentido de liderazgo. Encontraras apoyo al crecimiento personal y mejora de actitudes, aquí tienes ese recordatorio sencillo de retomar y reconocer lo que ya traemos como líderes.

Se abordan de manera natural y fácil de aplicar en experiencias propias. Con un tono entusiasta ante una rutina diaria de formas de pensar y actuar para resultados efectivos.

Por medio de recordatorios constantes para reflexionar y practicar cambios ante la rutina de vida en la que nos sumergimos por cumplir ante el mundo exterior.

Con toda sinceridad te comento que el capítulo de rehacerse como ser y líder, me invito a retomar algunas prácticas diarias para cumplir igual de bien con mi mundo interior. Es gratificante alimentar al ser que llevamos dentro, una práctica poco enfatizada. Ya tenemos todo incluido, contamos con lo mejor para sentirnos en bienestar y así definitivamente optimizar ganancias. Voy totalmente de acuerdo con los puntos mencionados. Estar al pendiente de nosotros mismos es la responsabilidad que tenemos y la óptima para influir efectivamente a los demás.

Felicidades y gracias Karla Garcia por ser parte del crecimiento con su persona, su influir y compartir, con una forma única que caracteriza en alegría, actitud y entusiasmo cada día con la gente. Se honra el trabajo, emprendimiento y voluntad de servicio.

LCP SANTOS GONZALEZ YESCAS
PRESIDENTE MUNICIPAL
XXVIII AYUNTAMIENTO DE SAN LUIS RIO COLORADO SONORA

ACERCA DEL AUTOR

Karla Garcia es Licenciada en Administración de Empresas y Contaduría Pública. Con Maestría en PNL, Terapeuta Holística, Empresaria, Representante Anafinte.net, Colegiada en el Instituto Mexicano de Contadores Públicos de Mexicali, AC. Parte del Equipo Fundador en español de John Maxwell como Coach y Conferencista, estudiosa incansable del ser y su evolución, holística de corazón. Amante de esta fiesta llamada vida que Dios le dio, con la misión de disfrutar y compartir.

Agradecida de los roles como hija, hermana, madre, esposa, amiga y compañera en esta fiesta.

AGRADECIMIENTO

Mi agradecimiento a Dios todo poderoso y creador, que vive en un ser valioso e ilimitado, aprendiz en estos años, que ha tenido el valor y conciencia, para esa gran persistencia en esta maravillosa fiesta llamada vida de cambiar para mejorar y sobre todo el insistir día a día, para lograr materializar los sueños más queridos, esa persona que siento ser. A mi familia querida, mi mayor pilar y con el corazón agradecerte a ti, por seguirme, por creer, simplemente por ser y estar presente, infinitas gracias, gracias, gracias.

Con amor dedico estas letras, para el mayor legado en mi paso por esta bendecida vida, mis hijas Karla Marine y Alondra Karina. Y un beso al cielo para mi divino rey.

NOTAS AL LECTOR

Bienvenida(o) a esta amena platica que iniciaremos, te prometo que recordaras algunas experiencias para ir acentuando los puntos comentados, nada que no conozcas, creo que todo lo sabes y mejor que yo. Quizás en ocasiones solo hace falta un recordatorio de que sabemos, para ponerlo de modo activo en nuestro ser y hacer.

La invitación es muy especial, me refiero a que solo por esta ocasión y para leer este libro, como si platicáramos tú y yo, abre tú mentalidad para escuchar una diversidad de ideas, sin inclinarte hacia un solo lado, es decir, que respondas dejándote llevar por tu misma experiencia, sabes nada que perder y si, algo que ganar, esto me recuerda la imagen del encendido del parabrisas del auto, lo enciende y llega de un lado hasta el otro extremo, con movimiento constante de derecha a izquierda y de izquierda a derecha, aun estando anclada de un solo lado.

Aquí recordaras algunas de las habilidades mas reconocidas en el área de liderazgo y seguro tienes bien desarrolladas para su aplicación en todo contexto, acentuando el área de empresa.

Te puedo afirmar que lo platicado hoy por este medio, esta aplicado y con excelentes resultados, ya sabrás cuando lo conozcas, quizás tu también lo aplicas como tal, todo con el firme objetivo de apoyar a cualquier líder empresario a optimizar sus actitudes para incrementar aun mas sus ganancias.

Iniciando con el autoliderazgo, la toma de decisiones, el uso de la intuición, la creación de confianza, integridad y creatividad. De las cuales se requiere su aplicación para rehacerse como ser y líder para conocer el funcionamiento de los recursos internos con los que contamos de forma automática y operativa. Es posible reconocer a detalle su funcionamiento para aprovechar y optimizar estos recursos e incrementar los resultados.

Te comparto estrategias para el buen uso de los recursos propios, que en todo momento provoquen un beneficio para ti mismo y tu entorno. Algunas prácticas y ejercicios para apoyarte a darte cuenta. Además, se producen desde dentro del ser hacia afuera, es decir, ya los tienes dentro, solo activas y seguir generando resultados y con un incremento de ganancias.

Y si, tomas consideraciones al terminar de leer este libro, además de darte cuenta que eres mucho mas de lo que has creído ser y hacer, para estar donde quieres llegar a estar o lo que quieres llegar a tener, en ocasiones dentro tuyo esta lo más buscado. Recuerda las miradas se comparten también hacia a dentro, es ahí donde encontraras valiosos recursos, ya que hacia afuera se puede acrecentar la visión para subir más alto en la escalera del resultado. Para finalizar este libro encontraras algunas técnicas valiosas muy sencillas para incorporal a la rutina y apoyarte a mantener un equilibrio personal y de bienestar.

Se que encontraras alguna semejanza y practicas sencillas que muy probablemente estés haciendo, la diferencia que hace la diferencia, es que hoy después de leer, además de reafirmar que vas por el mejor camino, ya puedes ser más consciente de tus actitudes y de utilizar tantos recursos internos para mejorar tus ganancias.

CONTENIDO

KARLA GARCIA 5

ACERCA DEL AUTOR 7

AGRADECIMIENTO 9

NOTAS AL LECTOR 13

I. LIDERAZGO Y ACTITUD 17

    Aplicación General y Empresa 17

    Ya Eres un Lider 19

    Líder Alfa 22

    Autoliderazgo 25

    Decisiones 29

    Intuición 30

    Confianza 32

    Integridad 35

    Creatividad 36

    Tú Eliges 38

II. REHACERSE COMO SER Y LIDER 42

    Ser 42

    Cuerpo 44

    Energía 50

    Mente 53

    Emoción 56

    Espíritu 63

III. OPTIMIZA E INCREMENTA GANANCIAS 65

- Comunicación 65
- Relaciones 70
- Salud 72
- Finanzas 76
- Recursos Propios 81

IV. ESTRATEGIAS ECOLOGICAS 85
- Pensamientos Positivos 86
- Actitud Positiva 89
- El Poder de Creer.. 101
- Cambio 106
- Calidad 119

VI. Técnicas Valiosas 123
- Actitudes de Liderazgo 123
- ¿Tienes miedo?¡Quémalo!... 124
- Solo 4 minutos y cambia tu día 126
- Timo. Energía Vital 127
- Ensayo Mental 128
- Afirmaciones 128
- Gimnasio Emocional 130

I.
LIDERAZGO Y ACTITUD

Aplicación General y Empresa

En la actualidad el liderazgo se caracteriza por venir desde el ser, y si el líder puede fluir, entonces estará listo para empezar a influir en sus equipos, a liderar sin títulos ni esfuerzo sobreimpuestos. Cuando el líder fluye e influye, fácilmente es un ser dedicado al hacer y tener, reúne grupos de personas, para trabajar en determinados objetivos comunes.

Así como un equipo, grupo, familia y empresa se convierte en ese lugar donde se influye con las ideas, proyectos y unificar objetivos para formar un todo y coincidir en un mismo fin. Y que decirte de lo que vives, momentos de emoción, compartir y hasta contagiar a los demás con ese entusiasmo, con ocasiones en desespero, tensión, angustia y demás.

Tú sabes y muy bien que ejercer el liderazgo es aplicable en cualquier contexto de vida, la persona en sí, pareja, familia, amigos, grupos sociales, empresa, política, comunidad. En esta vez nos dedicamos a platicar del SER, si, esa persona ganadora que llevamos dentro y recordar algunos puntos específicos para potencializar las actitudes de liderazgo.

Recordemos que un Empresario es un SER que EMPRENDE, y su característica básica de ese emprendimiento es su liderazgo, reconociendo su nivel de influencia con si mismo y con los demás es la medida de sus resultados.

Ahora que estas leyendo este libro, lo cual es gratificante para mí, seguro eres todo un líder y ganador claro, razón por la cual te quiero comentar algunos puntos interesantes a recordar y reactivar en ti, para aumentar aun más los resultados que estas obteniendo.

Mejorar esa forma de reaccionar, ante las situaciones que se presentan, hace una gran diferencia en los resultados que se obtienen, bien dicen, una olla de agua hervida igual puede endurecer un huevo y ablandar una zanahoria.

Hoy tu y yo, sabemos lo que significa ser empresario, además no es para cualquier persona, llevas un líder dentro. Ya sean productos o servicios los que comercialices en tu empresa. Que decirte, cuando tu familia te hace reclamaciones por trabajar tanto, tus empleados en ocasiones te reclaman, sienten que los explotas, sin entender que compartes el beneficio, pero no el riesgo, los acreedores te ven como si te estuvieras haciendo rico a costa de ellos, y hasta tu salud te reclama, por esos días que no comes, ni duermes bien. Si las cosas salen bien, escuchas los que dicen, que te lo regalaron, que tienes suerte, todos contigo, etc. Y si las cosas salen mal, donde tengas pérdidas, te catalogan como un tonto, además te dicen como debiste haber hecho, nadie te dice: necesitas ayuda, necesitas un préstamo, te ayudo a reiniciar. En general clientes, proveedores, empleados, familia y pareja, te critican y culpan, por ello, ser emprendedor ser empresario es una de las labores mas dignas que exigen, sostenerte y crecer es labor de líder, lo grandioso es que, con todo y lo comentado, aun así sigues, y sigues con una fe, con gran orgullo, sobrepasando todo obstáculo con actitud, descubres que si otros se apuran por llevar comida a su mesa, es gratificante ocuparse en que llegue esa comida a varias mesas, luchas por un sueño y mejoras la vida de las personas que te rodean, los partidos políticos, las grandes obras públicas se hace gracias a los impuestos que se pagan. Por todo eso y muchas cosas más, mi admiración y respeto, grande razón para acentuar algunos puntos de mejora el ser empresario y emprendedor como el líder que vive en ti.

"Liderazgo es la capacidad de transformar la visión en realidad." Warren G. Bennis

Ya Eres un Líder

De que ya eres un líder ni dudarlo, recuerda cuando iniciaste tu negocio, esas ganas inmensas hacer palpable esa imagen mental que creaste representando tu empresa, así con esos colores, esos detalles a los cuales les dedicaste tiempo y esfuerzo para lograrlo, los comentarios que escuchabas de los avances que realizabas, sí que escuchabas los mejores comentarios para reforzar y confirmarte que tomabas el mejor camino, aquellas miradas de apoyo de las personas que te apoyaron, esas formas de trasmitir el mensaje a los que te apoyaron, la forma acertada de guiar para lograr ese negocio, creado una idea, ese esfuerzo de enfocarte arduamente en todo momento a tener lo requerido, desde conocimiento, personal, espacios, y tantos recursos utilizados para lograrlo (entusiasmo, motivación, actitud).

Aquellos motivos que hacían que los tiempos dedicados eran con intensidad de entusiasmo y motivación, esas ganas que hacían que al despertar salieras de la cama para atender aquella empresa que emprendiste con objetivos claros y definidos, y a la fecha seguro actualizas, tantas emociones juntas, lo recuerdas. Puede ser también que la rutina te va acomodando sin reinventarte o seguir emprendiendo, recuerda que el empresario que llevas dentro va acompañado el emprendedor empedernido, pues es así, el crecimiento y desarrollo de cualquier negocio es empoderarlo.

Con el paso del tiempo, tus guías y la experiencia se van formando nuevas generaciones de empresarios en la industria comercial. Hoy en día algunos jóvenes empresarios han logrado un excelente resultado con la creación de sus empresas, quizás estés dentro de estas nuevas generaciones, y aplicas las principales actitudes de liderazgo, sea cual sea, el negocio que manejes y/o los clientes que trates en todo momento vas a asentar, lo que la experiencia te ha llevado a modificar y potencializar, ciertas actitudes como los mejores recursos propios para ganar.

Recuerdo cuando les platico a mis clientes, al iniciar un nuevo negocio, es muy parecido a cuando tienes un bebe. Te acuerdas aquel momento que nació tu primer hijo, si, esos tiempos con algunos estragos para recibirlo en este mundo, nace y no te despegas ni de broma, crece un poco mas y vas tomando confianza para dejarlo por momentos en otras manos, así sigues su crecimiento, en ocasiones cuidando cada detalle, hasta llegado un momento, que sientes que puede tener tal grado de independencia, en algunas situaciones cada día mas cerca de su desarrollo y crecimiento, así de semejante es tener una empresa, después aprendes y tomas tanta confianza que vas por la otra y otra.

Seguramente antes, después y a la fecha, llevas algunas actitudes de liderazgo muy acentuadas, como parte del actuar normal de tu parte, y un equipo de trabajo en apoyo al funcionar de tú empresa, recuerdas como te emociono aquel inicio.

Es tiempo de retomar y ser más consciente, de cómo estamos reaccionando ante las circunstancias que se nos presentan. Brevemente identifica estas actitudes y date cuenta si son parte de esa forma distintiva que te caracteriza para ser un ganador:

1. Actitud de Relevancia. Tanto para las personas que nos rodean como para los grupos de trabajos en general, el trabajo que se realizas es relevante y solo tú lo transmites por medio de tu respuesta, en esa misma relevancia en todos los planos de la empresa, así como al propio cliente. Los empresarios de todas las edades saben que su trabajo es fundamental para hacer la diferencia ante los demás.

2. Actitud de Responsabilidad. Algunas personas son responsables por naturaleza, mientras que muchas otras deben aprender a adquirir esta cualidad. Hoy ya sabes que, si te faltaba pulir esta cualidad, ya la hiciste una actitud, por el requerimiento que tu empresa te pide (te digo, es muy parecido a tener hijos). Muchas personas piensan que esta cualidad es menos común en los empresarios jóvenes, sin embargo, una vez más, esta es una cuestión de actitud y un líder siempre tiene muy claro, el significado de la responsabilidad en la empresa, y de predicar con el ejemplo.

3. Actitud de Motivación. La motivación es fundamental en cualquier proceso de liderazgo e incluso en muchas ocasiones, esta puede terminar siendo todo un reto para cualquier líder. Muchos líderes convencionales ven el pago de un cheque como motivación suficiente para sus empleados, sin embargo, un líder estratégico ve en la motivación, la verdadera clave, para hacer de su negocio algo productivo. Tómate el tiempo para comprender

cuales son los elementos que realmente motivan a tus trabajadores, puesto que un trabajador desmotivado no se preocupa por su empresa y este es el primer paso para el desastre.
4. Actitud de Confianza. La confianza es uno de los sentidos de liderazgo básicas para el desarrollo empresarial, y mucho más ahora cuando los medios sociales y la gran evolución de la tecnología tienen cada vez más auge. Algunos líderes empresariales pueden pensar, que al igual que la motivación, la confianza se mide por el pago mensual de un servicio, sin embargo, tanto la confianza como el respeto se ganan, quien confía en su líder, confía en su empresa.
5. Actitud de Conexión emocional. La conexión emocional tiene su alianza directa con la inteligencia emocional. Un líder con inteligencia emocional comprende muy bien las necesidades emocionales de sus empleados y aprende a realizar una conexión emocional con los mismos. Crear indiferencia con las personas que trabajan en tu empresa hará que muy pronto ellas pierdan el interés real por la misma.

En definitivo, es todo un hecho que hoy puedes admitir, desde muy dentro de tu ser, la combinación de pasión, visión y acción sostenida como empresario, se ha requerido de aprender a despertar una habilidad mental llamada "Actitud Mental Positiva". De la cual vamos a comentar a detalle, con la convicción de recordar su aplicación y reforzarla, para seguir ganando aún más.

Líder Alfa

Sabes que tu mentalidad define lo que eres; y eso no depende de otros, depende únicamente de ti. Como también sabes que el único que decide sobre lo que quiere y adonde ir, eres tú. Aquí es de vital importancia, tomar en cuenta que regularmente cada vez que decides y actúas, lo haces en ocasiones de forma automática.

Es como que piensas que eres alfa, cuando en el fondo sabes que no lo eres... Ya sabes esto de alfa es para hacer más interesante el concepto. Cada tipo de líder, tienes formas muy identificables de pensar, donde se involucran un sin fin de creencias y sobre todo el desarrollo personal. Una persona que crece y se desarrolla va cambiando en sus formas de pensar, las ideas que produce, las percepciones hasta de sí mismo y su entorno.

Todos podemos identificar que nada se mantiene estático, parte de nuestra vida siempre está en movimiento y esto significa un cambio constante. Los lideres siempre están dentro del este proceso de movimiento y cambio.

Ya que estamos hablando de liderazgo, te quiero comentar que solo existen dos tipos de personas, seguro es fácil para ti y hasta lo practicas seguido, el hecho de identificar estas características que señalan las diferentes personalidades de liderazgo.

Alfa = líder por naturaleza. Las personas alfa: Los líderes alfa son personas que atrae a otros de manera natural, irradian confianza y seguridad. El simple hecho de estar cerca de alguien alfa te hace sentir tranquilo y seguro. No les importa lo que otros digan, saben lo que quieren y de hecho hacen lo que tienen que hacer para conseguirlo. Son personas íntegras, lo que dicen es un reflejo de lo que hacen. Ofrecen valor a otros porque se aman a sí mismos, son muy energéticos y pareciera que se les facilita todo lo que hacen. Una característica muy particular que los identifica, es que hacen lo que el resto de las personas no están dispuestas a hacer.

En los negocios, los líderes alfa son los que se encuentran al mando, saben manejar las situaciones e improvisan con facilidad. Tienen algo en su interior que los impulsa a buscar retos. Son emprendedores por naturaleza. Cuidado con confundirse el líder alfa no vende nada, no le ruega a nadie, ni reparte folletos o trata de convencer a otros para que se unan a su organización o quieran hacer negocios con él. Por el contrario, las personas los siguen por el valor que ellos perciben. Los líderes alfa marcan el camino y apoyan a seguirlo, son los que hacen que las cosas sucedan.

Beta = Seguidor. Las personas beta: Son inseguros, tienen la autoestima muy baja, no creen que puedan lograr lo que quieren y no hacen lo que quieren hacer, mucho menos lo que tienen que hacer. Son pasivos y no se arriesgan, ni les gusta emprender por miedo a fracasar. Es el tipo de persona que sigue a otros, porque simplemente es más sencillo hacer eso, que desarrollar las habilidades que se requieren para alcanzar la vida que desean.

Lo interesante es como te sientes ahora, con cuales características mencionadas te identificas en el ejercicio de liderazgo.

Palabras más, palabras menos, simplemente sigues o eres seguido…

Claro como bien dicen algunos lideres son naturales, es sencilla su labor, lo traen como parte de si, y que crees, se ha demostrado que también el liderazgo se aprende, se transforma, se afina, y que mejor que aprender a ser un líder alfa, digo tú ya eres, y quizás agregar algunas mejoras en características específicas apoyen a una mejora.

1.) Enfócate más en obtener resultados. Esto implica planificar y medir los avances. No basta con echarle ganas, intentarlo y demás. Recuerda ese momento cuando si lo has hecho y tenlo presente, te recuerdo que los logros de nuestra vida dejan memoria y es para utilizarse. Esto hace gran parte de su diferencia.

2.) Deja de lado la mediocridad en los demás. No se trata de ser duro, sin corazón sino ser estricto y exigir en los demás lo mejor que pueden dar y ser.

¿Por qué un líder exigente logra más seguidores? Porque la disciplina es un hábito, que muy pocos tienen. Saber que trabajas con el mejor, te hace pertenecer a un equipo ganador y nadie quiere estar en el lado de los perdedores, ¿verdad? ¡A ti te gusta ganar!

3.) Demuestra valor y gran confianza en ti mismo. El carisma es una de sus fortalezas que emana una alta o sana autoestima. Si los seguidores perciben seguridad en ti, te seguirán a pesar de tener en contra las oportunidades de triunfo.

4.) Siempre Listo. No dejes nada al azar de las circunstancias. El hambre de éxito exige no subestimar ninguna situación.

5.) Impulsa el desarrollo y crecimiento de los miembros de su equipo. Abraza sus talentos y habilidades para empoderar a su equipo. Sin humillar, exhórtalos a atreverse a hacer las cosas.

6.) Defienden tus ideas con convicción. Al creer en sí mismo y prepararse ante cada situación otorga la seguridad de defender sus ideas ante cualquiera. El liderazgo necesita de difusión mediante el uso de la palabra.

7.) Cumplen lo que prometes. Cuestión de honor. Saben que los hechos hablan mucho más que las palabras.

Autoliderazgo

El autoliderazgo, sin mención descrita de un concepto especifico, es esa capacidad que se tiene para influir en si mismo, apoyado de habilidades y actitudes que aumentan las posibilidades de lograr cualquier meta propuesta.

Una de las maravillas que se tiene, es descubrir que, si puedes influir en ti mismo, mucho de esto ya lo hacemos en automático, desde hoy, lo identificaras con más conciencia, y así es más fácil hacer generar cambios para potencializar nuestro autoliderazgo y lograr esos resultados que deseas.

¡Y que empiece lo mejor!, elige hacerte cargo de tus propios actos, esto se refiere a responder de forma más consciente (a lo que haces y que resultados que obtienes), con esto vas estar muy encaminado(a) al autoconocimiento, sé que, si te pregunto en este momento, ¿te conoces?, me vas a responder que sí, te creo, para tener resultados óptimos y llegar hasta donde estas, se requiere principalmente influir en algún aspecto de la vida y para esto es necesario conocerla. Vamos por más y mejor.

Si, esa forma en que logras un bienestar, una disciplina en horarios con una buena alimentación, disciplina, peso corporal, la constancia y motivación en esa meta a cumplir, ese responder ante toda situación que se presenta, esas decisiones, convicciones y acciones tomadas para lograr el resultado buscado.

La verdad para mi el autoliderazgo es como tener ese automóvil propio, disponible en todo momento y en excelentes condiciones, que te puede llevar a donde quieres ir.

"Como líder, la primera persona a la que tengo que liderar es a mí mismo. La primera persona que debería intentar cambiar es a mí". John C. Maxwell

El mejor trabajo y más encantador es trabajar en uno mismo. Y este encanto de trabajo, inicia con una sencilla decisión, son tantas las opciones que generamos cuando buscamos una mejora personal, desde conocimientos, actitudes, habilidades, vestimenta, agrupaciones, alimentación, etc.

Claro está le invertimos dinero, tiempo y esfuerzo, muy valido y efectivo, en esta ocasión, te invito a invertirle más a la activación de una serie de recursos propios internos y materializarlos en resultados.

Todo líder se tiene que conocer muy bien para ofrecer algo mejor, es la única forma de dar a los demás lo mejor de sí. El autoconocimiento tiene su proceso en el que se acentúan algunos de los siguientes puntos:

- Auto escucha. Para poder abordar mejor una situación de maneras diferentes y no echando la culpa al exterior.

- Escuchar a los otros. No es fácil, es un proceso indispensable para cualquier persona.

- Observar a los otros. Aprender cómo se comportan los demás ante situaciones críticas o problemáticas, información de cómo se maneja en esas situaciones y efecto que los demás causan en mí mismo y yo en los demás (cierta información).

- Hablando sobre sí mismo. Revelar a los demás como te sientes, como eres, debilidades, aficiones, problemas, etc. Tiene aspectos positivos pues en una comunicación, así hay mayor aproximación, mayor comunicación y mayor grado de relación, es una forma de revelar a los demás como soy.

Todos estos aspectos desembocan en el autoconocimiento, que nos aporta mayor conocimiento sobre nosotros mismos, y así poder buscar estrategias de funcionamiento para mejorar las relaciones con los demás. Seguro estarás de acuerdo conmigo, una buena forma de ayudar a otros es conocer la situación que viven. Generar Cambios de comportamiento para cambiar las situaciones.

En ocasiones es complicado expresar los sentimientos, más aún reconocerlos. Y cuando esto ocurre nuestro funcionamiento psicológico lo hace de diferente manera.

Estos sentimientos pueden alterar, perturbar mentalmente a la persona, pudiendo provocar desordenes somáticos cuya causa no coincide con la existencia de una lesión orgánica ni trastornos neurovegetativos ni cerebrales determinados. Suelen ser provocados por sentimientos y emociones generalmente desagradables que no suelen ser reconocibles, tan son somatizados en nuestro cuerpo y ni podemos verlos, además son correspondidos con emociones o sentimientos desagradables (emociones negativas).

Aclaro todos en algún momento podemos pasar por algún problema, eso para nada significa que tenemos trastornos psicosomáticos, pues depende de vivencias, personalidad, y de su modo de afrontamiento. Habiendo respuestas diferentes. Esta reacción psicosomática puede variar por el entorno, la situación, condiciones exteriores del medio, etc. El punto de interés importante y conocer como estamos funcionando nosotros mismos, para con este autoaprendizaje partir en apoyo a lo demás. Recuerda nadie puede dar algo con lo que no cuenta.

A manera de generalidad se dice que nuestra mente somatiza en nuestro cuerpo. Actualmente existen tantas filosofías como métodos para gestionar este tipo de recursos internos y muy propios del ser.

Decisiones

De entrada, como todo indicia con una decisión, vamos comprendiendo bien, esto que muy seguido tomamos.

¿Qué es una decisión? Es la opción tomada o elegida dentro de algunas alternativas.

En mi opinión, digo que la propia vida y su forma es decisión, todas las personas desde el momento que amanece iniciamos el día tomando decisiones, hasta aquello que paso hacer al despertar por la mañana, te ha pasado cuando al amanecer, te dices solo cinco minutos más en cama, aunque se vuelvan hasta una hora sin dormir y sin levantarte, ya desde ese momento estas decidiendo ¿o no?

Es importante mencionar que estas decisiones algunas veces, por no decir, casi siempre son influenciadas por factores que tienen casi nada que ver con la realidad circundante o con hechos materiales, más aun tomando en cuenta cuando permitimos que otras personas y/o cosas decidan por nosotros, por ejemplo, las creencias puede desempeñar un papel significativo en la toma de decisiones.

Ya dejamos algunas elecciones en algunos adelantos tecnológicos programas computacionales, robots inteligencia artificial; un ejemplo es cuando utilizan un método aleatorio, en algún concurso para que elegir a los ganadores o participantes, porque así, para no comprometerse, aun me falta entender, que tan difícil es emitir tu decisión y reconocer un buen participante, en fin. Todas las decisiones que vamos tomando en el paso de la vida y en todas sus áreas, estarán un tanto influenciadas por nuestro entorno.

En todos los aspectos de la vida se nos presentan situaciones en las cuales dudamos al tomar decisiones, y sin embargo tenemos que tomarlas, que igual pueden ser de inmediato (no programadas) y otras pueden esperarnos (programadas), es tanto a tomar en cuenta, nos pasamos invirtiendo tiempo, días, en ocasiones hasta el sueño, y ni que decir hasta permitimos que las personas que nos rodean influyan, llegamos a tomarlas considerando que lo hacemos acertadamente y al ver los resultados por los riesgos tomados, en ocasiones llegamos al arrepentimiento por tener que hacer frente a las responsabilidades. Y que tal, cuando las decisiones afectan a todo un grupo.

¿Y tú, has pasado por algo así? Hace un tiempo muy buena pregunta hicieron mis crías, ¿Donde te enseñaron a pensar? En la escuela se nos enseñan pensamientos, pero no se nos enseña a pensar. Y creemos que pensar adecuadamente es algo que sucede de manera natural y espontánea. Pensar, sí. Pensar adecuadamente, estaría como para discutirse.

Pensar adecuadamente implica tener integradas ciertas herramientas que nos permitan enfocar la atención a ciertos puntos fundamentales para decidir correctamente.

"La mayor parte de las decisiones que tomamos a diario pueden parecernos producto de una forma reflexiva de tomar decisiones, pero no es así. Son hábitos. Y aunque cada hábito no tiene mucha importancia en sí mismo, con el tiempo, las comidas que pedimos, lo que decimos a nuestros hijos cada noche, si ahorramos o gastamos, la frecuencia con que hacemos ejercicio y el modo en que organizamos nuestros pensamientos y rutinas de trabajo tienen un profundo impacto en nuestra salud, productividad, seguridad económica y felicidad." Charles Duhigg.

Intuición

La intuición es algo que todos tenemos, hombres y mujeres, pero que no todos desarrollamos ni usamos convenientemente. Uno de los elementos esenciales de un buen líder es la buena utilización de recursos internos, en esta ocasión, te comento de la intuición.

La mayoría de nosotros confiamos en nuestra intuición más de lo que la realmente es, y si lo dudas, solo ten en cuenta, cuando tomas esas decisiones por ese latir, sale esa respuesta interna, con un sentir te confirma la elección, en ocasiones más acertada, que si fuera pasada por todo un análisis, en ocasiones piensas tanto para tomar una decisión y en realidad, al final decides por esa sensación de certeza que te apoya a una muy optima elección.

Es curioso cuando nos referimos a estas situaciones donde florece la intuición, por medio de nuestros benditos sentidos, quien expresa diciendo ese negocio no me huele bien, eso es como, basar tú intuición en el olfato, otros mencionan, no se ve nada bien esa inversión, significan que la ven muy claro, con todo y resultado, y aquellos que dicen, esa persona no me late, siento que no es lo que promete. ¡Te das cuenta!

Qué tal te suena todo esto, será que te has expresado de esta forma o has escuchado algo parecido, ¿te parece algo familiar? Ándale… ya estas descubriendo como los sentidos alertan los mensajes de nuestra intuición.

Nosotros sabemos que la utilizamos más de lo que creemos y si aprendemos a ser más conscientes de esto, colaboramos con presumir que las mejores respuestas que nos hacen falta y vivimos buscando fuera de nosotros, ya están, ahí dentro.

Y si, tenemos lo requerido dentro, nos acercan a pensar acerca de la intuición en el mundo de los negocios. ¿Es útil o implica riesgos en el proceso de toma de decisiones? ¿Sirve al momento de evaluar a un empleado o un postulante a empleo? ¿Son los empresarios intuitivos más efectivos que aquéllos que no lo son? Te imaginas cuantas preguntas nos podemos hacer y tener respuestas acertadas…

Este tema es tan amplio como nuestros sentidos, sentimientos y emociones. La influencia del medio, en ocasiones la falta de fuentes abundantes de información, nos conducen hacer uso de nuestra intuición.

"Ignora la intuición y correrás un riesgo; síguela ciegamente y también lo correrás" D. Stauffer

La palabra intuición admite sinónimos: corazonada, instinto, inspiración, sexto sentido, visión, pálpito, presentimiento. Es la facultad de comprender las cosas instantáneamente, sin necesidad de razonamiento.

Confianza

Para relacionar liderazgo y actitud, se requiere conocer un recurso valioso que creo todos tenemos, solo que el paso del tiempo, en ocasiones nos hace olvidarlo o, mejor dicho, tener algunos recursos propios sin uso y a veces las circunstancias presentadas en el tiempo nos apoya a reforzarlo y a mantenerlo bien activo para su uso. Me refiero a la confianza.

Observa y con frecuencia vas a identificar, una gran diferencia de las personas que obtienen lo que quieren de las que no, es la confianza en sí mismos.

Las personas que piensan y creen que pueden hacer algo, ya sea crear una empresa, correr un maratón, sacar adelante una iniciativa empresarial, escribir un libro, invitar a salir a alguien (y tener un sí por respuesta), materializar una idea, ganar la lucha por un premio, estar estupenda(o) para compartir con alguien o simplemente construir un círculo social divertido... al final lo consiguen.

"Con confianza, has ganado antes de haber comenzado", Marcus Garvey.

Nuestra mente es una herramienta muy poderosa; no se puede subestimar el impacto de nuestros pensamientos y palabras.

Nuestros pensamientos crean nuestras emociones. Nuestras emociones crean nuestras acciones. Nuestras acciones crean nuestra vida. La gente con confianza en sí misma posee un mayor control sobre su mente y tiene interiorizado el lema sí puedo y lo hace. Sencillamente sienten y piensan con certeza de que van a lograr lo que desean, esto es el camino de actuar con esa certeza que así va hacer y así lo hacen.

Qué curioso lo más elemental para triunfar en la vida, no se enseña en ninguna carrera universitaria y no se compra en ninguna parte, que maravilla y comercializáramos actitudes así. ¿Quiero venderlas y tú?

Como aquí hablamos de actitudes, pues te comento algunas que definen a personas con confianza y que seguro vas a identificarte, si es diferente, fácil actívalas en ti, ya están dentro.

Esa reacción ante cada evento de tu vida, que claro, solo tú tienes la respuesta y, antes que nada, se vincula con la decisión. ¡Vamos acrecentando la confianza! ¡Tú eliges!

1. Actúa sin complicarte. ¿Quieres algo? ¡Muy bien! Crea un plan y hazlo tuyo. No pierdas de vista el premio, pero no te agobies, y que no te distraiga el ruido de otras personas. Mucho menos esperes el permiso, hazlo y ya.
2. Concéntrate en lo que quieres. La gente con autoestima tiene una imagen de futuro en su mente. Confían en que les ocurrirán cosas buenas, y al final se cumple porque la confianza es una fuerza muy potente.
3. Actúa como si ya fuera tuyo. La gente que confía en sí misma deja que su lenguaje y sus acciones vayan en sintonía con su propósito. Esto inspira confianza en los demás.

4. Escuchar es valioso, recuerda la gente con confianza escucha a los demás, pero no se deja influenciar por su punto de vista. Ten en cuenta que se trata de tu vida.
5. Respeta el tiempo, aprovéchalo. Ten en cuenta que tu tiempo y energía para prioridades. Sabes la gente luego se muestra más respetuosa.
6. Sé humilde. Las personas con confianza en sí mismas, lo menos que mencionan son sus éxitos. Recuerdo cuando estuve en una fiesta de una empresa y me puse a hablar con un joven atento, resulto ser uno de los mejores periodistas del medio artístico. La gente con confianza no presume de sus logros, sino que deja que estos hablen por sí mismos.
7. Ten en cuenta que a veces el fracaso es inevitable; no lo temas. La preocupación por fracasar puede mantenernos alejados de todo. La gente que cree en sí misma sigue sintiéndose bien, aunque fracase. Al fin y al cabo, saben que todo pasa.

Las personas más exitosas y felices no nacen siendo las más ricas, guapas, queridas o dotadas. Simplemente, creen en sí mismas y luchan por lo que quieren. La confianza es una cualidad con un alto potencial atractivo, a la que todos aspiramos en secreto para tener más seguridad, más autoestima. Hoy le agrego más Fe.

Integridad

Si de liderazgo se trata, de integridad también se trata. La integridad se define como un estado de estar completo, la gente integra es aquella que concuerda sus palabras con sus actos, sin importar la situación o lugar, es leal a sus convicciones y valores. Todos, todos, todos los seres humanos a diario nos enfrentamos a deseos encontrados, y es la integridad con la que contamos, con la cual decidimos entre lo que queremos y lo que debemos.

*Cuando la integridad sea nuestro arbitro seremos congruentes, nuestra conducta reflejase nuestras creencias ya que nuestras creencias se reflejan a través nuestro, sin discrepancias entre lo que parecemos ser y lo que somos sin importar circunstancias.

*La integridad es el factor fundamental que distingue a un apersona feliz de un espíritu dividido.

*La integridad produce confianza así mismo y ante los demás.

*La integridad de una persona no se anuncia, se identifica por los demás.

*La integridad es lo que realmente somos.

Segura estoy que cada uno de nosotros con el tiempo somos reconocidos por lo que somos y no por lo que aparentamos ser.

Cuida tus convicciones, estas son las creencias o principios que seguimos por el cual estamos dispuestos a todo y son parte esencial para ir en camino a una persona íntegra.

"Siempre es el momento apropiado para hacer lo que es correcto." Martin Luther King, Jr.

Define tus convicciones y pregunta a tu familia o amigos (personas que te rodean) como te ven y descubre si en realidad concuerda lo que realmente eres con lo demuestras ser ante los demás, he ahí el retomar un camino hacia una persona íntegra, al paso del tiempo descubrirás que la imagen ya está incluida.

Creatividad

Denominada también ingenio, inventiva, pensamiento original, imaginación constructiva, pensamiento divergente o pensamiento creativo, es la generación de nuevas ideas o conceptos, o de nuevas asociaciones entre ideas y conceptos conocidos, que habitualmente producen soluciones originales.

Amor, canto, teatro, cocina, intercomunicación, soluciones rápidas de conflictos inesperados, transmutación de lo antiguo en actual... en todo está implícita la creatividad, no podemos separarla de la vida.

¿Se nace con ella o se puede adquirir? Se nace y se hace. Tenemos muchas memorias archivadas en nuestros genes, desde muchas generaciones. No obstante, existe una amplia gama de grados en la evolución creativa. Somos creadores por excelencia, pero hay algunos obstáculos que nos impiden reconocer ese don natural y desarrollarlo.

Desmotivación y falta de entusiasmo.

Exceso de comodidad.

Miedos

Baja autoestima y aburrimiento en la vida.

*Se dice, que cuando hay entusiasmo habitan los dioses en nosotros. *

¿Qué creatividad hay en tu vida cotidiana?

"La actitud ante la vida es la que crea y pinta los colores en nuestro entorno"

En la creatividad, solo el espíritu manda y nuestra mente es como herramienta única, procesa, amplia y pone en práctica esa idea nacida de un chispazo de genialidad que a veces, ni sabemos de dónde llego y cómo fue, simplemente esta.

Solo hemos de dejarnos guiar por nuestro Ser. Estamos condicionados por publicidad de todo tipo, que creemos que no nos afecta, pero siempre se acaba haciendo y teniendo referencias para actuar, guiados por esos anuncios aparentemente inofensivos.

Tu casa, tu comida, tu forma de vestir, tu forma de divertirte, de trabajar o de dormir, nadie debe de manipularla.

Esas manifestaciones en tu hábitat, muestran tu personalidad, tu sensibilidad, tu exquisito gusto por lo auténtico, tu equilibrio como persona, tu arte, tu formación y, sobre todo, lo más importante, tu libertad.

¿Cómo activar la creatividad?

Los automatismos, nos acaban, nos vamos muriendo en vida. Sentimos que se nos acaban las pilas, se marcha la alegría y la rutina nos come.

Entonces aparece la falta de atención, los pequeños detalles pasan desapercibidos. Ya no miramos al horizonte, ni a las estrellas, ni a una puesta de sol. No gozamos en la cama al despertar ni cantamos en la ducha, ni saboreamos una comida porque nos atrapa la prisa.

La creatividad se desarrolla con la vida, y si te estás muriendo sin percibirlo.

¿Cómo vas a crear?¡Vive! En todas las formas que seas capaz. Y la creatividad será un manantial inagotable en tu vida. Escuchando, sintiendo, poniendo atención.

Nacemos creativos, pero el entorno nos hace más rígidos. De hecho, los pediatras afirman que la creatividad de un niño de cinco años es infinitamente mayor que la de un adulto. Y cuando crecemos, optamos por la parte más racional. Es más cómodo, haces lo que todo el mundo y no te critican. Tenemos una imagen falsa de lo que supone ser creativo. Ideas prefijadas que no ayudan en nada a la creatividad.

Toma en cuenta estos tres puntos muy simples:

1.Ordena. Con orden el pensamiento sigue su proceso, el desorden no te deja pensar, pierdes más tiempo buscando cosas, que, dedicándote a pensar, que es donde se producen las buenas ideas.

2.Aprovecha. Los momentos creativos van y vienen. ¡Aprovéchalos!

3.Cambio de Lugar. La decoración de esa oficina o ese cuadro de la recepción, te pueden dar muy buenas ideas. Inspírate. Cambia de lugar y un aire fresco vendrá a darte nuevas ideas. Recuerda el movimiento es la constante.

Hay empresarios de éxito que antes fueron escritores. Hay escritores que antes fueron diseñadores. La realidad que los lideres también se inspira.

Tú Eliges

Recordemos que nosotros los seres humanos siempre reaccionamos de manera racional para evitar el dolor y ganar placer. Tú puedes usar esto a tu favor, solo practícalo es muy efectivo, amplificando el sufrimiento o lo relacionado con el placer. Es decir, exagerar mentalmente el placer que vendrá de hacer algo positivo o del sufrimiento que viene de acciones negativas. Entre más vividos e intensos sean estos lazos, mayor será la influencia sobre tus decisiones.

Un ejemplo es algo así: Solo imagínate bebiendo alcohol todos los días, a donde te llevara esto, si piensas en esa imagen donde tu cuerpo empieza a sentir el efecto, tu trabajo, y puedes verte cómo vas deteriorando tu dedicación y actuar profesional hasta perderte en el vicio, piensa si eso quieres para tu vida, esto te apoya a tomar una mejor decisión en cada ocasión que sientas tanto placer por tomar un trago.

Aprende a notar que las fuerzas que te mueven, no son el placer y el sufrimiento actual, sino la creencia de que una acción te lleva al futuro placer, mientras que a otras personas los llevaran al futuro sufrimiento y esto es una total influencia a las acciones realizadas. Tan simple como si tú crees que vendrá lo mejor o si crees que vendrá lo peor.

"Cuando debemos hacer una elección y no la hacemos, esto ya es una elección." William James

Todo el sistema universal se mantiene unido por el amor, la armonía y la cooperación. Si utilizas tus ideas de acuerdo con estos principios, podrás superar cualquier obstáculo que se interponga en tu camino.

Cualquier animal envejece. Crecer es privilegio exclusivo del ser humano. Pero es poco aprovechado actualmente. Crecer es profundizar en el principio de la vida; no es acercarse a la muerte, sino alejarse de ella. Cuanto más profundizamos en la vida, mejor entendemos el sentido de la inmortalidad que llevamos dentro.

Si estas en crecimiento continuamente, llegaran el momento en que te des cuenta que la muerte, es como cambiarse de ropa, de casa, de nombre, de forma… En realidad, nada muere; un árbol no muere cuando va profundizando sus raíces. En la vida, crecer significa profundizar en ti mismo, ahí es donde están tus raíces. Para crecer como ser humano, se requiere de paciencia, esfuerzo y ganas, muchas ganas… Es por ello que crecer es opcional.

Solo uno mismo es la única persona que puede elegir entre crecer o simplemente dejar pasar el tiempo, o sea envejecer y morir.

Algunas actitudes a practicar como propuesta para elegir un camino a resultados, en lo referente a obtener el éxito que deseamos, mencionando a manera general, puesto que cada uno de nosotros tenemos diferida la conceptualización de éxito, acorde a nuestras experiencias y creencias vividas, cuales quiera que sean, aplican estas prácticas, de igual forma se nos hará más sencillo si empezamos practicando una a la vez, una vez dominándola, pasamos a la siguiente y paso a paso subimos un escalón al crecimiento y de éxito personal, profesional y empresarial. ¡Solo tú eliges!

- Aprende a hacerte las preguntas correctas. Para saber qué debes hacer para ser mejor, antes debes preguntártelo. Ya tienes todas las respuestas, solo hay que buscar dentro de ti. En algún momento aprendí que en cada pregunta esta la respuesta.

- Acepta retos. Dirígete a alcanzar metas que van más allá de tus limitaciones. Nunca te creas incapaz de lograr algo y confía en ti, porque siempre se puede alcanzar una meta, aunque parezca difícil. Hazlo una y otra vez, es la clave.

- Sé quién quieras ser. Haz todo lo que tengas que hacer para ser la persona que quieres ser. Sin importar el tiempo que ocupes, dedícate pequeños momentos, quiérete y aprende cada día cosas nuevas. Sobre todo, sé feliz; porque empezar a ser quien quieres ser, es cuestión de iniciar.

- Define tus prioridades. Siempre hay tiempo para hacer las cosas que merecen la pena, tan solo debes definir cuáles son tus principales opciones. Sin establecer prioridades, nunca harás nada por lograr tus propósitos.

- Decídete a tener éxito. El éxito es una decisión: cada día fabricamos nuestro presente, así que en él hay espacio suficiente para todo lo que queramos incluir. El éxito puede ser el trabajo, el amor, la felicidad con uno mismo, ser madre, crear tu propia empresa, lograr el trabajo ideal… El éxito empieza por quererse a uno mismo, y solo tú decides cómo sigue.

- Atrévete a llegar más lejos. Siempre nos ponemos metas que creemos que podemos alcanzar, pero ¿qué pasaría si las colocáramos unos pasos más allá? La respuesta es sencilla: si te pones una meta más lejana de lo que crees que eres capaz de lograr, vas a hacer los esfuerzos necesarios para estirarte y alcanzar la meta difícil. Las metas fáciles no son tan divertidas ni interesantes.

- Ten el coraje de vencer el miedo. El miedo sirve para protegernos, pero si no le dices a tu miedo que todo está bien, él va a dominar tus acciones y terminarás quedándote dónde estás sin posibilidad de avanzar.

- Rodéate de gente positiva. La gente con la que te rodeas te construye o te destruye. Aléjate de las personas tóxicas y aprende de aquellas que pueden ayudarte a ser mejor. Es muy importante saber hacer frente a las relaciones que no nos hacen bien.

II.
REHACERSE COMO SER Y LIDER.

Aquí la propuesta es iniciar desde dentro hacia afuera, valorar, reconocer y engrandecer ese ser que es posible descubrir, disfrutar y aprovechar de todos esos recursos ilimitados que contiene, además implica un todo, desde un cuerpo, mente, energía, espíritu y emociones interactuando de manera perfecta, solo con observar, escuchar y sentir lo vivido en cada momento.

Ser

El ser que eres, es lo que nos hace, hacer lo que hacemos y tener lo que tenemos.

Algunos mencionan secretos para todo y en especial enfocados en lograr nuestras metas y objetivos, más que secretos, quizás nos hace falta buscar clarificar y definir lo que realmente se quiere, cuando mencionan: aquel que busca encuentra, en ocasiones descubrimos que existe mucho más conocimiento para quien lo quiere y no para quien lo necesita.

Un camino a un futuro espléndido es ser más de lo que somos.

¿Qué pasa, te cuadra o no? Está bien, léelo otra vez, pero más despacio.

¿Tú que eliges ahora?

Tal vez, ya hace tiempo que te dedicas a crecer en el ser y ni cuenta te has dado, o posiblemente iniciaste hacerlo por el paso del tiempo, los hermosos años vividos nos van enseñando, eso sí queremos aprender; o puede ser que simplemente hoy eliges iniciar, anda anímate, que yo invito a rehacer el ser.

"Solo sabiendo quiénes somos podremos empezar a ser mejores para nosotros mismos y para los demás." Jorge Bucay.

¿Y tú como logras, lo que logras?

Nada nuevo, algo sencillo, ya conoces estos actos, cuestión de iniciar hacerlos con plena conciencia. Seguro cada vez que lo vivas, notaras cada vez lo consiente y alerta que aprendes a estar.

1) Ríe y sonríe tanto como puedas, solo y/o acompañado, sabes hace muchos años escuché que la risa es el alimento del alma, nos ayuda a tener buen humor, generamos frecuentes estados de alegría, nos mantiene con salud y bienestar emocional. Cuando te invito a iniciar haciendo conciencia de este sencillo acto que a menudo hacemos, me refiero a darte cuento de forma interna lo que te genera el reír.

2) Sueña y por favor en grande, nos ayuda a mejorar. Sin sueños uno envejece y muere... Aquí me refiero a darte cuenta que sensaciones y pensamientos generas cuando sueñas.

3) Vive ligero, suelta el resentimiento y liberar cargas del pasado para vivir aquí y ahora. Posiblemente dirigir tu atención a eso que pasa dentro de ti, en el momento de tener

algunos sentimientos o emociones, que tal y ahora lo empiezas a notar.

El mejor momento que esperas es ahora, recuerda nunca es tarde, ¡hazlo!

Si de amor hablamos y la invitación es iniciar de adentro hacia afuera. Amar y querer al ser que está en ti mismo, cambia la forma de ver la vida, por lo tanto, amarás todo y a todos.

Se que ser excelente hijo(a), un padre, profesional, hasta líder puede ser fácil, lo mejor en el paso por esta vida es ser un excelente ser humano.

Cuerpo

La influencia inicia en nosotros, somos el mensaje y el ejemplo como líderes. Quizás ya tienes tus propias formas o maneras de cómo hacer buen uso y provecho del cuerpo. Vamos recordando como todo ser poseedor del equipo más sofisticado que puede existir. Me gusta compararlo con esa casa magnifica, donde todo está y en orden, con todo incluido, sus habitaciones, conectadas e iluminadas, un diseño de perfecto funcionamiento, para sorprendernos. El sistema eléctrico increíble, tan funcional que habita a nuestro ser (en ocasiones se requiere aprender a utilizar eficientemente). Una semejanza de nuestro cerebro y sistema nervioso.

"El cuerpo es una prenda sagrada, es tu primera y ultima prenda; es o que llevas cuando entras en la vida y cando sales de ella, y deberías tratarlo con honor. "Martha Graham.

El cuerpo es la estructura física y material visible del ser humano, con una perfecta interacción y funcionamiento entre sí. Las paredes de esa casa magnifica y perfecta interrelación de lo no visible para algunos, como la mente, energía, emociones y el espíritu. Somos una creación verdaderamente maravillosa y como todo líder, es parte que requiere ser conocida en todo su esplendor (autoconocimiento).

Nuestro cuerpo en relación a la función y desempeño de liderazgo, es uno de los medios principales para trasmitir actitudes. Recuerda que el principal mensaje de un líder es el mismo. El cuerpo es comunicación pura. Hasta tiene la capacidad de gritar y sin hablar. Es sencillo de probarlo, cuantas ocasiones solo con ver el gesto que realiza un colaborador al hacer alguna propuesta, ya percibiste la respuesta sin esperar que responda verbalmente. ¿Te ha pasado?

El reflejo de rasgos cotidianos emitidos por un líder con su cuerpo:

Postura corporal. Una postura natural genera confianza. Definen movimientos de pies y piernas.

Gestos naturales. Una actitud abierta (sinceridad) y amigable ayuda a la empatía.

Vestimenta. El vestir da apariencia y una personalidad propia.

Las manos. El uso de las manos en congruencia con gestos

Espacio de movimiento corporal. Un signo de respeto es dar el espacio a quienes te rodean.

He aprendido a considerar el cuerpo como la comunicación más acertada e interactiva en el desarrollo de la vida, aclaro mi aprendizaje es una gota de agua comparado con el mar, con gusto la comparto contigo, en ningún momento quiero que consideres esto como la verdad absoluta del mundo, para nada, solo te quiero invitar a considerar algo de todo esto, integrarlo en tu vida, lo que para ti sea convincente de acuerdo a tu experiencia y descubrir otras formas para vivir en bienestar, cuidando esa magnífica casa y claro aprender aprovechar de todas sus comodidades.

Hace un tiempo me hice amiga de un mediador, por el cual se comunica mi cuerpo conmigo, yo lo he llamado "El Cansado", quizás en el momento que correspondía ser, también observó que otras personas también tienen un cansado dentro, lo ignoran y ya cuando quieren escucharlo, este ya no responde igual, pero bueno, se respeta lo que cada uno decide.

El punto es compartir esta experiencia, tal vez te pueda apoyar en algún momento que lo consideres oportuno, recuerda que rehacerse como líder es iniciar desde adentro y aprovechar todos los recursos internos que tenemos, esa casa magnifica trae todo incluido, para de mejorar, crecer, desarrollarte, vivir intensamente o como tú quieras llamarlo.

Te cuento, hace algunos años a un ritmo de trabajo algo acelerado, pendiente como tú y otras personas, en atender familia, casa, negocio y estudios constantes. Con sensaciones tan simples como tener sed y/o hambre, hasta sueño y seguir ignorando, sumergida en tareas que en su momento yo creí eran prioridad, dejando para más tarde, mi cuerpo, se que inicio con avisos casi imperceptibles como forma de decir ayuda, casi como hablando en secreto y con tono cálido, diciendo: ocupo agua para hidratarme, requiero alimentación, es hora de dormir y sigues con actividad.

Parece que fue ayer, un día de esos algo correteados, casi a punto de terminan la segunda licenciatura, casa, trabajo, yo entre tareas y exámenes, de esos tiempos cuando quieres hacer las noches días para abarcar todo para lograr mis metas.

Un fuerte dolor de cabeza, una hemorragia por mi nariz y detuvo todo el correteo del día y de varios días, empecé a recordar, como tenia tiempo el cuerpo pidiendo un descanso y claro, yo queriendo comerme el mundo, y que descubro al cansado, busco tantas formas de comunicarse a mi consciencia y se cansó tanto que pum, me detuvo para recuperar lo que en ese momento estaba perdiendo. Razón por la cual te menciono que perfecta esta magnífica casa con todo incluido.

En estos últimos diez años he aprendido (y parece ser que aun hay mas, aún falta lo mejor) poco a poco, al estar presente en cada momento con mi cuerpo, escucharlo y pedir, cuando ocupo algo. Ven, practiquemos algo, acompáñame, solo con una postura derecha, si tú quieres siéntate, respira profundo y pide a tu cuerpo saliva, si así, dile, dame saliva, me gustaría mas saliva en mi boca, dame saliva, mucha saliva, más salida… ¡Que tal tu boca he!

Acá entre nos, en ocasiones o casi siempre, sigo queriendo comerme el mundo, aunque el logro sea saborear un pequeño y muy delicioso bocado. Ahora me siento con un apoyo, tengo un aliado y en todo momento está conmigo, todo indica que hasta el último respiro de mi vida.

La comunicación con mi cuerpo, va mejor hasta puedo negociar, claro por medio de mi amigo el cansado, más que para sentirme bien, para mejorar cada día.

Está de acuerdo que mantener un cuerpo saludable y en bienestar es prioridad para dar seguimiento a cumplir cualquier objetivo. ¿Tú qué opinas?

Se que ahora me entiendes, cuando te digo que otras personas llevan un cansado dentro, quizás tú, o seguro conoces algún familiar o amistad, es fácil identificarlo; por ejemplo: al estar trabajando dan prioridad a la tarea que están realizando, como beber agua cuando sienten sed, sienten hambre y no comen, o comen algo poco recomendable, hasta abstenerse de ir al baño, dicen ya casi terminar la tarea que están realizando, que te digo de andar de fiesta, el cuerpo avisa cuando ya es el momento de dejar de beber alcohol, tiene la capacidad de brindar comunicación para mantener su equilibrio saludable, y no escuchan. Cuando se cansa y te pone un llamado estate quieto (colesterol, desajuste en nieves de azúcar y presión, sobrepeso, infarto, etc.) para forzar, se asuntan y la mayoría ponemos todo en manos de especialistas en el cuerpo, eso es correcto, que tal y si, también le ponemos atención e interés para interactuar y escucharlo. Te imaginas…

Es curioso como desde pequeños aprendemos a querernos y cuidarnos, y en ocasiones a no hacerlo, hasta llegado un momento en la vida que se siente un efecto, como lastimarse un brazo, perder la vista, sentir una enfermedad, perder la movilidad en una pierna, etc.

Es tan perfecto que cuando estableces esa comunicación interactiva con tu cuerpo, sientes que tienes el aliado perfecto para sentirte en equilibrio.

"La salud es una relación entre tú y tu cuerpo." Terry Guillement.

Prueba hacer las paces con tu cuerpo y aplicar ese liderazgo, influye, pide, da, acuerda, intercambia para mejorar, recuerda es magnífica casa donde se activa tu mente, energía y emociones, además el reflejo total de lo que llevamos dentro.

Si empiezas a vivir con menos estrés y te das más oportunidades de sentir y relajar tu cuerpo, poco a poco empezarás a escuchar ese maravilloso conocimiento que guarda tu cuerpo. Incluye sabiduría infinita. Qué crees, la única forma de saberlo es probarlo.

Al despertar por la mañana, en vez de pensar en las tareas que debes completar ese día, quédate un par de minutos en la cama con los ojos cerrados. Siente la calidez del espacio en todo el cuerpo. Abrázate.

En este momento que estás leyendo. ¿Esta latiendo tu corazón? Recuerdas cual fue la última ocasión que pusiste la mano en tu pecho y sentiste hasta escuchar los latidos del corazón, es decir, has dedicado tiempo a poner atención a esta actividad que funciona en todo momento en ti…

Saca tiempo cada día para escuchar el palpitar de tu corazón. Cierra los ojos y coloca tus manos sobre tu corazón. Siente y escucha tu palpitar hasta notar que se calme y empiece a palpitar pausadamente. Honra tu cuerpo con un sencillo acto de gratitud todos los días. Saca un momento de quietud y dale las gracias a tu cuerpo, desde tus pies hasta tu cabeza.

Invierte al menos cinco minutos al día para estar en silencio total. Escoge un espacio tranquilo, pon tu atención en la respiración y disfruta del momento presente.

Un hermoso y saludable regalo para ti de ti es al menos una experiencia de relajación todos los días. Es muy fácil, con alguna tarea que te guste, puede ser: escuchar música que tranquilice tu mente, un baño aromático o simplemente siéntate a mirar el cielo, baila un estilo de música que te haga sentir feliz, que al moverte sientas una expresión propia.

¡Activa la sabiduría de tu cuerpo te da plenitud!

Aprovecho y comparto una docena de detalles simples, sobre el funcionamiento generalizado de nuestro cuerpo, pruébalo y maravíllate del hermoso milagro que eres. ¡Aprovéchalo!

1. Si sientes picazón en la garganta, ráscate el oído.
2. Si te gustaría escuchar mejor, usa solo un lado del oído.
3. Y si quieres ir al baño y ocupas más tiempo, solo piensa en sexo.
4. Temes al dolor de la inyección, solo tose y listo.
5. Si sientes la nariz congestionada solo presiona tu paladar y la parte superior de la nariz.
6. Si sientes acidez estomacal solo duerme sobre tu lado izquierdo.
7. Si sientes dolor de muela frota un hielo en tu mano.
8. Si sientes la falta de visión cuando estás frente al PC: Cuando pones tu vista en un objeto cercano como un computador, la vista se cansa y falla. Para ello, cierra tus

ojos, contrae el cuerpo y aguanta la respiración por un momento, sostén presión en todo el cuerpo. ¡Un minuto y listo!
9. Si sientes tus manos y pies dormidos solo mueve tu cabeza.

Energía

Te recuerdo algo la Física, Albert Einstein demostró que en todo existe energía incluidos nosotros. Y claro, si existe energía es porque vibramos, seguro te estas preguntando, si solo la vibración es movimiento, incluye pensamientos, sentimientos, palabras y acciones, es aquí donde se da importancia a todo este conjunto que genera una vibración positiva o negativa, que nos lleva a comprender. La ciencia nos dice que lo semejante atrae a lo semejante denominado como un principio de vibración.

"La energía es la mente de la esencia de la vida." Aristóteles

Y tú, que haces con esa parte energética más sutil que generas como ser humano. Sabes que se asemeja a los tres estados reconocidos de la materia: sólido, líquido y gaseoso. Uno es más sutil que el otro.

Todo lo que ves y tocas, este compuesto por energía, es la fuente de toda vida y está en cada átomo y funciona como un campo de inteligencia. De acuerdo a las ondas energéticas que transmiten tus pensamientos, creas lo que vives, todo procede de tu fuente de energía fundamental.

Eres energía. Tu pensamiento es energía. Trabaja por ondas. Einstein las llamó cuantos y luego esto dio lugar al desarrollo de la física cuántica.

Todo pasa primero por nuestro pensamiento antes de ser creado. Por lo tanto, donde ponemos nuestro pensamiento, nuestra intención, es donde estamos creando. Comprender que el poder de la mente es infinito, que todo lo vas creando a través del pensamiento, es cuando inicias a ser responsables de tu existencia, a darte cuenta de que eres los que piensas. Razón por la que puedes cambiar tu personalidad, las circunstancias e incluso tu entorno.

Toda energía transforma su entorno correspondiente. Si concentras la fuerza de tus pensamientos en un objetivo determinado, antes o después lo alcanzas, verdad que si lo vives… la maravilla de esto es que la energía no se pierde, sólo se transforma.

Te das cuenta, cuando sientes que vives o algún compañero, uno de esos días con algunas situaciones que salen de control y molestia, al grado de mencionar textualmente: hoy es un día pésimo, todo me sale mal. Quizás vas tarde por la mañana, se derramo el plato en la ropa, no enciende el auto, tu cliente está molesto, etc. Se hace presente el principio de vibración.

Claro para que seguir, sin decirte que es muy sencillo hacer el cambio de vibración, en el momento que inicie el pensamiento, sentimiento, palabra o acción, así como hacer un solo clic, hagas firmemente control y cambio a forma positiva, vas a descubrir que como un clic cambia tu día.

"Todo es energía y eso es todo lo que hay. Sincronízate con la frecuencia de la realidad que quieres y no podrás hacer otra cosa que conseguirla. No puede ser de otra manera. Esto no es filosófico. Es física." A. Einstein

¡Solo prueba!

Este principio demuestra que, con la forma que pensamos, sentimos y hablamos se emiten una frecuencia, y volviendo a que lo semejante atrae a lo semejante, se recibe interacción muy similar a la frecuencia emitida.

Lo interesante es cuando autoevalúas, lo que estás viviendo y vas descubriendo poco a poco que frecuencias generas con tu energía.

¿Con que frecuencias vibras tus pensamientos, sentimientos, palabras y acciones?

¿Tú que crees que atraes a tu vida en este momento?

¿Ya identificaste donde cambiar esa vibración para atraer situaciones positivas a tu vida?

Para ser sincera contigo, me gusta creer en esta teoría que te menciono de Einstein, y agregar que cada ser vivo, tiene movimiento generando una interacción de energía continua, en si mismo y con lo que le rodea, desde el pensamiento, hasta la generación y gastos energético de la parte corporal, función biológica y metabólica, es decir, esa energía de combustible para la rutina diaria.

En estos tiempos es importante tomar como bueno aquello que dice: La energía es el combustible de la excelencia. Imagínate ese automóvil del que platicamos, que te lleva a donde quieres ir, sin detalle alguno, y que no prenda, por falta de energía…

"La salud de las personas es el verdadero fundamento en que descansa toda su felicidad y todo su poder." Benjamín Israelí.

En ocasiones escucho y hasta menciono en ocasiones, la famosa frase "se me bajo la batería" como una expresión de me siento con poca fuerza y requiero cargar batería, se hace referencia al alimento. Se sabe que, para mantener un cuerpo y mente en equilibrio y bienestar, se requiere de algo más.

Y Tú como te cuidas, te mueves, te oxigenas, tomas suficiente agua para mantener tu cuerpo hidratado y tu alimentación, ya sabes la importancia de horarios de comida, que comer, sueño, descanso, etc...

La importancia vital para el cuerpo en bienestar energético físico es el aire, agua, alimentación y sueño.

Así muy parecida al sistema del alternador de los autos, lo tenemos y perfectamente diseñado para cargar y generar energía suficiente y más. Si, un auto solo tiene uno, nosotros tenemos tres pares alfa, beta y zeta. Lo menos interesante son lo nombres, lo que sí importa es dar una revisión a nuestro alternador y generador de energía, para darle los elementos requeridos, encontrar el equilibrio en niveles energéticos, y seguir disfrutando de lo que tanto gozamos.

La diferencia que es muy sensible a los pensamientos, emociones, tensiones y todo sobre demanda a la que te sometes (eso que algunos se etiquetan estrés).

Mente

Ya eres el feliz poseedor del más complicado y preciso instrumento de procesamiento de datos disponible en el mercado. Muchos millones de años de evolución nos llevaron a obtener la calidad que nos respalda.

Cada una de sus partes ha sido probada millones de veces para asegurar la perfección en su manufactura. Solo así se llegó a crear un instrumento capaz de llevar a cabo miles de funciones por minuto y de almacenar millones de datos por día.

Tu cerebro está garantizado de por vida, siempre y cuando, se le dé el cuidado que requiere y se sigan unas sencillas instrucciones.

Seguro ya estas familiarizado con algunas de sus funciones y es muy posible que conozcas el modo automático. Que crees, a través de ciertas tareas es posible recuperar el control de su funcionamiento y reprogramarlo para obtener los resultados deseados. Muy parecido al procesador de datos.

A las personas que nunca lo han utilizado, se les recomienda no forzarlo demasiado. Cuando las funciones como pensar, reflexionar y recapacitar, se utilizan por primera vez, puede causar cambios drásticos en el sistema que pondrán en funcionamiento, características como la responsabilidad, la honestidad y autoestima. Te sugiero no conformarte con los programas que se han incluido en el equipo.

Tú puedes introducir cientos de programas más, te serán de gran utilidad en la vida diaria. La capacidad de memoria de tu cerebro es ilimitada, por eso ni te preocupes, no te conformes con las funciones simples, como reaccionar sin recapacitar, repetir los mismos programas todo el tiempo o hacerse la víctima.

Explora la gran capacidad de tu equipo, te sorprenderás de la eficiencia y gran desempeño, una vez más felicidades y te aseguro que usando en forma adecuada tu cerebro te proporcionara gratos momentos de esparcimiento, aprendizaje, desarrollo y realización, con él, lograras cualquier objetivo que te propongas, de verdad es el mejor y probablemente un gran aliado para lograr tus deseos.

Sabes la biología dice que el cerebro pesa 1.4 kilos aproximadamente, forma 2% del total de tu cuerpo y está formado por cien mil millones de neuronas, conectándose entre ellas, se logra una capacidad de un millón de giga bites.

Definitivo la computadora más cara en el mercado. Si hacemos cálculos… Que tal he, en algún momento pensaste su valor...

Sus funciones básicas son:
*Razonamiento
*Imaginación
*El lenguaje

*La percepción
Y una serie de funciones automáticas...

¿Y tú que herramientas utilizas para mantener en buen funcionamiento tu mente?

Nuestra mente tiene un potencial increíble, será bueno antes de cualquier decisión iniciar por realizarnos la pregunta correcta: ¿Se estás aprovechando?

Ya que tenemos todo un sistema integrado y funciona a la perfección, es importante conocer que como a toda computadora están latentes los virus mentales, claro que sí, te contare, que no son seres vivos sino códigos incompletos de información que necesitan de un huésped para desarrollarse y reproducirse, los virus mentales se esconden entre las creencias genuinas de la persona, sean provechosas o no, para que no sean eliminadas.

Un virus mental es una idea o creencia que se riega fácilmente a través de la población, no necesariamente tiene que ser una buena idea.

Ejemplo: Imagínate haciendo fila ante un mostrador bancario con toda tranquilidad y una persona detrás de ti, diciendo que vivimos una la situación muy difícil, la economía tienda a la baja, la crisis del país, etc. El virus mental se riega de mente en mente. Ahora entiendes por qué esas expresiones las escuchas seguido y en ocasiones hasta las mencionas, para ser honestos este lejos de esa realidad, lo único que puede pasar es que si te lo vas a creer. Cuidado puede ser un virus.

Estos virus los podemos diferenciar de creencias limitantes, en que éstas pueden ser reconocidas conscientemente por la persona, incluso puede recordar o explicar el origen de esa creencia y su función; relacionarla a datos sensoriales y deducir consecuencias de ellas; los virus mentales no aceptan cuestionamiento alguno, excepción o explicación, no sabe la persona porque piensa así, es más, creen que así es la realidad.

A manera de ejemplo, puede ser que una creencia limitante "soy grande de edad para administrar mi negocio, un virus mental podría tomar esta forma "las personas grandes de edad no pueden administrar un negocio".

Recuerda los virus mentales son tan transferibles, si, así como un virus entra en tu sistema y lo limita, de igual forma sigues trasmitiendo y limitando a otros. Recuerda que un virus de estos puede acabar con toda percepción asertiva y apegada a eso que estas deseando…

Cuidado: Los virus de la mente pueden y dirigen tu vida más de lo que tú te das cuenta. Lo mejor es que estos virus son solo pensamientos y los pensamientos se cambian.

Te comparto algunos virus que he tenido o escuchado:
Cuando naces pobre, pobre te quedas
La riqueza trae tristeza
Todos los hombres son iguales
Es mucho sacrificio para ganar un poco
Eso es para gente muy inteligente
Es un castigo de Dios
Dios así lo quiere
Mas vale felicidad que dinero
Prefiero ser pobre y honrado
Solo los jóvenes pueden
El amor no es para mí
Un sin fin…. Etc., etc…

Emoción

Esta parte es una de las más encantadoras que tenemos como seres humanos, y uno de los elementos esenciales de todo buen líder, aprende a controlar para ejercer su liderazgo efectivo.

Para estar en sintonía, te comparto un concepto propio muy general del significado de emoción, y su diferencia con sentimiento, espero coincidir con tu sentir.

La emoción es una respuesta del ser ante un estímulo, que nos predisponen a reacción de cierta forma. Que regularmente no nos damos cuenta, hasta que ya paso la reacción. Un ejemplo claro puede ser, cuando ves a un colaborador tomar tus ganancias sin aviso alguno (adueñándose de lo ajeno), hay una respuesta bioquímica que te lleva a una reacción inmediata ante tal situación. Puede ser coraje y/o tristeza (combinadas), esto lleva a una reacción que puede ser un insulto, golpe, etc.

Un sentimiento es muy parecido a la emoción, con la diferencia de que es una respuesta ya reconocida, ante el estímulo, es decir, la reacción es más consciente en el momento de reconocer lo que se siente. Basados en el mismo ejemplo anterior, ante ver a un colaborador tomar tus ganancias, genera esa o esas emociones que ya son conocidas, puede ser más sencillo saber reaccionar ante ellas y/o elegir de forma más consciente (ya se reconoce ese sentir).

Para adentrarnos en emociones, es necesario entender los estados Internos, son los disparadores del estado de ánimo. Y el estado de ánimo dispara emociones, y las emociones a su vez generan comportamientos (controlados por esas emociones). En ocasiones, casi siempre al tratar de razonar, las emociones dominan.

Antes la vergüenza o la timidez, por más que racionalicemos el hecho de que no tiene lógica alguna tener vergüenza o estar tímido, será muy difícil evitar comportarnos de esa manera. Haremos el mejor esfuerzo, pero aún sin darnos cuenta lo vamos a transmitir. Considerando que un estado interno es la suma de todos los procesos que realiza nuestro sistema eléctrico, que es el cerebro y sistema nervioso de un individuo en cualquier momento dado.

Es momento de recordar que el impacto de las emociones en los seres humanos no es consecuencia del carácter positivo o negativo de la emoción. Por definición no existen emociones positivas o negativas. Las emociones por sí mismas no tienen esa distinción. Es lo que hacemos o cómo somos afectados por las emociones lo que en todo caso le dará un contenido positivo o negativo. ¿Y tú que haces con lo que sientes?

Vamos a tomar en cuenta el coraje, un sentimiento que se experimenta como resultado de frustraciones y que puede manejarse desde un punto de vista positivo para alcanzar los objetivos de desarrollo personal e incluso empresarial; sin embargo, cuando el coraje deja de ser transitorio, o se reprime y se convierte en resentimiento, genera conflictos interpersonales que pueden afectar muy negativamente en todo entorno.

Las emociones son comunicación están para ser utilizada y expresadas. Cuidado en el afán de evitar sentir ciertas emociones, estamos muy dispuestos a hacer algunas cosas, que nos apoyan poco. El consumo de drogas, al alcohol, al exceso de comida, al juego y hasta llegar a una depresión. Si como líder que eres, observas un poco a las personas en cuestión de emociones buscan resolver con actitudes como evitarlas, negarlas y hasta soportarlas. Cuando la opción es el cambio, una buena forma es aprender y utilizarlas a favor. Si quiere que la vida funcione de verdad, tiene que hacer que las emociones trabajen para ti. No puede escapar de ellas; no puede dejar de sintonizar con ellas, ni trivializarlas, ni huir de lo que significan. Pero tampoco puede permitir que rijan su vida.

Ya te disté cuenta, que en las emociones hay diferencia entre los juicios que hacemos sobre ellas y también en los comportamientos que ayudan a generar. Encontrando que muchas personas tienen sólo unas pocas experiencias codificadas como emociones: El miedo, el amor, el odio, la alegría, la felicidad y la tristeza. El resto son palabras meramente descriptivas, pero las sensaciones tales como la responsabilidad, la intencionalidad, la ambición, la capacidad, la confusión, la frustración, el orgullo, la seguridad y el afecto, además de ser comportamientos, son también emociones.

La ejecución de sus experiencias a través de unas pocas emociones para todo uso es como la diferencia entre la televisión en blanco y negro o color.

El valor de una emoción no se puede medir por lo agradable que es experimentarla, sólo por el resultado que se pretende servir. Queda sin importancia lo desagradable que una emoción parece ser, en realidad es digno de contar como una señal, lo que la señal está tratando de decir y volvemos a esa comunicación interactiva con nuestro yo interno.

Las emociones desagradables solo valen la pena tenerlas si se usan bien. Si, el hecho de no tener estas emociones, sería una gran desventaja.

El primer paso para la utilización de las emociones es reconocer lo que nos quieren decir. El segundo paso es responder al mensaje (comunicación pura). Por ejemplo:

Aquel momento que hemos sentido arrepentimiento, nos quiere decir que podría haber hecho o debería haber hecho de otra manera en alguna situación pasada.

En la ocasión que se presenta la sensación de culpa, indica que se ha violado una norma personal, su propio valor. Es útil para mantener la congruencia de lo que se hace con lo que se valora y cree.

La presencia de ansiedad nos dice estamos haciendo algo para el futuro que requiere mejorarse o evitarse totalmente.

Abrumado es el sentir que resulta de tratar de lograr demasiados resultados o muy imponente para el tiempo que se dispone. Te indica que es necesario volver a evaluar sus prioridades sobre lo que es necesario, lo que no lo es y en qué orden.

Sentir celos indica que el bienestar emocional está en peligro y hay que hacer algo. Ignorar el mensaje, puede hacer que esté en peligro una relación. Sin celos y relaciones son intercambiables y fácilmente de reemplazar. Equilibrio es estabilidad.

La ira comunica que el bienestar se ve amenazado o abusado y necesita algo para detenerlo ahora o evitarlo en el futuro.

El aburrimiento es señal de que se está prestando atención a todo, menos al aquí y ahora (momento presente).

Uno de los enfoques más modernistas o actualizados es el empresarial, este define la inteligencia emocional como la capacidad de reconocer los sentimientos propios y de los demás, para así manejar bien las emociones y tener relaciones más productivas.

"Ponerse furioso es fácil, Pero estar furioso con la persona correcta, en el momento correcto, por el motivo correcto y de la forma correcta, eso no es fácil." Aristóteles

La inteligencia emocional en la empresa es la herramienta que se necesita para trabajar con humanidad y eficacia. Concepto del cual se deriva la actitud emocional como una capacidad aprendida, basada en la inteligencia emocional, que origina un desempeño laboral sobresaliente.

Esta actitud emocional repercute de forma muy positiva sobre las personas que la poseen, pues les permite comprender y reaccionar a sus impulsos, facilitando las relaciones comunicativas consigo mismo y con los demás.

Hablar de inteligencia emocional, es hablar de la capacidad del individuo para identificar su propio estado emocional y gestionarlo de forma adecuada.

La inteligencia emocional determina nuestro potencial para aprender las habilidades y actitudes prácticas que se basadas en el autoconocimiento y autorregulación.

Este elemento encantado del ser denominado emociones y su función, lleva a cualquier líder a incrementar su confianza en sí mismos, su poder de influir positivamente y de leer los sentimientos ajenos. Es de aquí la buena noticia, es que la inteligencia emocional se puede aprender. A nivel individual, sus elementos son fáciles de identificar, se pueden evaluar y mejorar.

Los cambios empresariales y requerimientos del mercado están en constante evolución, esto debido a los factores políticos, económicos, sociales y culturales que interactúan, es donde el cambio es vital para vivir, actualmente además de requerir capacidades intelectuales y preparación académica, es necesario un requisito extra para lograr el éxito individual y empresarial, tomar consciencia de nuestras emociones, lograr comprendernos y comprender a los demás.

Se que eres un experto en esto de las emociones, como todo líder la importancia que has dado a la inteligencia emocional, tiene sus frutos en tus logros, aun así, quiero compartir contigo un ejercicio denominado Gimnasio Emocional, con el objetivo de reconocer e identificar el sentir, aprender del mensaje que quieren comunicar, lograr un cambio de conducta efectiva y acertada para elegir la mejor utilización de las emociones. Te recuerdo que la practica hace al maestro.

1. Te invito a regalarte un minuto en silencio, de pie y a solas, respira profundo, evocar una situación donde ha sentido falta de control emocional. Quizás esa experiencia donde

insultaste a alguna persona (como cuando nos justificamos diciendo me saco el tapón), ya tienes el recuerdo claro, ahora ubica que se siente, donde se siente, se mueve, del 1 al 10 que intensidad se siente, ponle un color. Muy bien, es fácil verdad.

2. Y con un paso a la derecha, proyecta esa imagen con ese sentir hacia enfrente, como verte a ti mismo en la pantalla de televisión con esa experiencia y ahora nota como te ves, que tal te escuchas y sientes en esa experiencia. Que te dice esa emoción en particular que identificaste, que mensaje tiene para ti.
3. Seguido de un movimiento, dando otro paso a la derecha, solo piensa en tres alternativas más efectivas que podías reaccionar ente esa experiencia y obtener mejores resultados.
4. Tomar la mejor alternativa y pregúntate, es buena para ti y los demás, si tu respuesta es positiva, ya está. Presiona fuerte tu dedo índice y recuerda de nuevo la experiencia con un manejo y reacción ante lo que sentiste con la alternativa de mejora. Mantelo ahí tres minutos, esa sensación de reaccionar diferente ante la experiencia y la presión de tu dedo.
5. Ahora piensa, en un futuro que pasara una situación similar, como vas a gestionar lo que sientes, como vas a responder, y recuerda presionar tu dedo pulgar.
6. Evalúa, recordando de inicio la experiencia donde insultaste a esa persona, y nota como cambio el sentir de esa emoción, del 1 al 10 que intensidad sientes.

Solo como recordatorio, te menciono que nadie, pero nadie puede saber la efectividad de un sencillo ejercicio a menos que lo realice.

Espíritu

Esta parte del ser que se menciona o denomina como espiritual, en opinión muy personal, la entiendo como la esencia del ser humano, esa fuerza inmensa que proviene del interior y su conexión con lo divino. Es una forma de evolucionar en el aprendizaje por el camino de la vida. Lo relaciono con ejecución de valores, como son el perdón, bondad, tolerancia, desapego y la gratitud en toda su expresión. Y por lo tanto creo, que dedicar atención e interés a esta parte del ser, nos lleva por el camino de la fe, paz y tranquilidad que nos espera algo mejor, lejos del mundo material y cerca de ese confort interior.

Con todo respeto a los valores, creencias y enseñanzas que prácticas en la actualidad, nota como se reflejan en el actuar como líder, hablo de espiritualidad y me refiero a la capacidad de conectar desde adentro (esa fuerza interior), está ligada con esa conexión efectiva y emocional inmediata, en ocasiones con una simple mirada, el intercambio de energía por medio de un gesto o una frase y ya está, una relación de líder y seguidor interactuando para lograr fines comunes.

Vamos a buscar el trascender en esta vida, ser mejor ser, mostrarme y compartir como tal ante los demás, talvez es forma de crecimiento espiritual.

Por el debido respeto que mereces como lector y el respeto al tema, lo dejo a reflexión el cómo crecer esa parte espiritual de tu ser.

"La espiritualidad necesita ser cósmica, que nos permita vivir con reverencia el misterio de la existencia, con gratitud por el don de la vida y con humildad respecto al lugar que el ser humano ocupa en la naturaleza." Leonardo Boff, teólogo y filósofo (1938).

Te comparto algo, me gusta pensar que soy un ser espiritual viviendo una experiencia humana.

Los pensamientos tienen un poder extraordinario. Debidamente nutridos e interiorizados, hacen una creencia y será una realidad en tu mundo físico. Sólo podemos dar a los demás lo que tenemos dentro de nosotros. Cualquiera que sea la pregunta, pienso en amor como respuesta.

III.
OPTIMIZA E INCREMENTA GANANCIAS

Sentirse ganador y exitoso con la vida que te creas para vivir, depende en gran medida, de tu comportamiento, pensamiento y actitudes, es decir, si ya gestionas un perfil de líder, como todo un ganador y aun quieres más, sencillo, solo cuestión de seguir el camino de mejorar esos recursos propios que ya tienes en marcha hasta el día de hoy, de ser posible hacer algunos cambio y aplicar nuevas actitudes para lograrlo, iniciando con el área de comunicación, nuestras relaciones, finanzas y una parte super importante que con el paso de los años y muy encaminados a lograr nuestras metas e incrementar nuestras ganancias es nuestra salud.

Comunicación

La comunicación es un fenómeno maravilloso inherente a la relación que los seres vivos mantenemos con nosotros mismos y con los demás. Obtenemos información por medio de nuestros sentidos respecto al entorno y la compartimos con las personas.

Es bien sabido que nos expresamos solo 7% por medio de la palabra, 38% la manera y tono en que mencionamos la palabra y el 55% el lenguaje de nuestro cuerpo.

Es por eso que existen tres tipos de comunicación muy acertada al utilizarse de manera correcta: De boca a oído, de mente a mente y de corazón a corazón.

Uno de lo puntos interesantes en comunicación es el ser conscientes de la responsabilidad que tenemos al enviar un mensaje, somos los responsables de esto. Razón por la cual desarrollar nuestros sentidos y aprender por medio de ellos es la habilidad de hacer distinciones correctas para emitir mensajes correctos y los más importante construir cada día una congruencia con nuestros sentidos, pensamientos, palabras y acciones, puesto que el cuerpo grita lo que nuestros labios pudieran callar, y todos tenemos una percepción propia, es por eso que el mensaje eres tú.

De todos los tiempos lo han dicho los iluminados, los meditadores y los sabios; ahora también lo dice la ciencia: son nuestros pensamientos los que en gran medida han creado y crean continuamente nuestro mundo.

Hay que ejercitar y desarrollar la flexibilidad y la tolerancia. Se puede ser muy firme con las conductas y amable con las personas.

Hoy sabemos que la confianza en uno mismo, el entusiasmo y la ilusión tienen la capacidad de favorecer las funciones superiores del cerebro. Es donde tiene lugar el pensamiento más avanzado, donde se inventa nuestro futuro, donde valoramos alternativas y estrategias para solucionar los problemas y tomar decisiones, está tremendamente influido por nuestro cerebro emocional. Por eso, lo que el corazón quiere sentir, la mente se lo acaba mostrando. Nos queda entrenar la mente.

"Los mas importante en la comunicación es escuchar lo que no se dice." Peter Druker.

Te gustaría cambiar esa forma de comunicarte con ese ser único que te acompaña siempre, lograr su fidelidad y apoyo incondicional en todo momento, te comparto uno de los pasos para lograr establecer armonía entre yo y mi yo interior, es decir ese dialogo interno que en algunas ocasiones nos da buen resultado y en otras nos imponemos limitantes, este es el lenguaje correcto a utilizar (mejora tu dialogo interno):

1.-Todo pensamiento al momento de hacer planes de lo deseado que realmente sea así, evitando pensar en lo que no deseamos. Debes tener en cuidado cuando te hablas, por ejemplo: que te dices, soy torpe, pues así te vas a comportar, y más aún cuando se los decimos a los demás, lo mismo pasa; la diferencia se da cuando empezamos a decir, yo soy inteligente, y olvidarte de decirte: no yo soy un torpe. En todo momento siempre es importante decir nuestras palabras en forma positiva.

2.- Es básico que para nuestro dialogo interno siempre pensemos en primera persona "YO". Cuando los mensajes son dirigidos a ti mismo, siempre dirás: YO soy feliz, YO me siento tranquilo. Cuando los mensajes son para la otra persona, siempre los dirás directo a la persona que se dirija.

3.- Es de gran importancia que al pensar y hablar sea en tiempo presente. El aquí y ahora es tan extraordinario, porque en el presente podemos tener el pasado, como esto que acabas de leer, es ya pasado y también con el presente podemos tener el futuro, como estas líneas que siguen de leer son el futuro. Te das cuenta de lo extraordinario de tener un buen presente, estamos formando un buen pasado y un buen futuro. Entonces recuerda hablar en presente, para que así, tu mente esta lista a actuar de inmediato, si lo haces en futuro esperará a que algún día llegue y si lo haces en pasado ya no podrás hacer nada.

Después de recordar estos puntos básicos y muy específicos, regálate unos minutos para observar como son tus pensamientos y esa comunicación interior, sin pretextos ahora ya puedes mejórala, es fácil, práctica y lo comprobaras…

Los detalles más relevantes a cuidar al comunicarnos es el uso de la generalización, cuando eliminamos un detalle especifico o al distorsionar un mensaje (son faltas graves en comunicación).

"Como es adentro es afuera." Principio Universal

Una afirmación positiva, es en realidad cada cosa que pensamos o decimos. Sin embargo, gran parte de lo que pensamos o decimos es negativo, y así, están lejos de producirnos experiencias agradables. Todos cuando decidimos hacer cambios en nuestra vida, tenemos que iniciar por reeducar nuestra forma de pensar y hablar, adoptando nuevos modelos positivos. Una afirmación es el inicio de la senda que conduce al cambio. Al realizar una afirmación le dices en esencia a tu mente: Asumo la responsabilidad de mi existencia. Se que puedo hacer algo para cambiar y voy a cambiar. Esto solo significa elegir conscientemente palabras que te ayuden a eliminar algo en tu vida, o que te ayuden a crear algo nuevo en ella.

Todo lo que piensas y dices es una afirmación, lo que nos decimos a nosotros mismos, nuestro dialogo interior, es un caudal de afirmaciones, lo sepas o no, empleas afirmaciones a cada instante, con cada idea y palabra afirmas la experiencia de tu vida.

Las certezas son solo modelos habituales de razonamiento que aprendimos en la infancia, algunas muy útiles y otras que limitan la capacidad de aquello que dices desear, cuestionas lo que deseas y lo que crees merecer, ya que pudieran ser dos cosas muy distintas de acuerdo a las afirmaciones empleadas.

Es importante darnos cuenta que cada queja es una afirmación de algo que no deseamos, cada enojo que tienes es la afirmación que deseas más ira en tu vida, cada ocasión que te sientes victima estas afirmando que quieres seguir siendo víctima. Si realmente queremos cumplir todos lo que deseamos y merecemos tendremos que empezar por cambiar nuestras formas habituales de pensar y hablar, seguido de la acción.

Hay quienes aseguran que las afirmaciones no dan buenos resultados (esto ya es una afirmación) y en realidad lo que ocurre es que falta aprender a dar un buen uso de las afirmaciones. Un ejemplo de ello es decir lo siguiente: "Cada vez soy más próspero" pero en el fondo piensa "esto es absurdo sé que no lograre nada" qué opinas con lo leído ¿Qué afirmación crees tú que se hará realidad? Claro la negativa, porque forma parte de un modo persistente internamente de ver la vida.

Ten pensamientos felices, así de simple. A cada instante eres solo tu quien decide tu manera de pensar, has pensado de esta forma desde hace mucho tiempo, la realidad como ya te mencione solo tú decides como pensar ahora y eres solo tu quien puede decidir una cambio positivo en la forma de pensar, te aclaro tu vida no cambiara de la noche a la mañana pero si eres tenaz y todos los días te propones pensar cosas que te hagan sentir bien, conseguirás cambios positivos en cada uno de los aspectos de la vida.

El único momento que vives es este, el único sobre lo cual tienes control. Ayer es historia, mañana ni ha llegado y hoy es el regalo llamado presente.

Te recuerdo que solo tu puedes elegir sentirte bien en este momento, entonces ¿Cómo podrás crear futuros momentos en los que haya abundancia y felicidad?

Relaciones

Las relaciones es un mundo mágico para mí, con el paso del tiempo he aprendido que aprender hacer lazos con las personas es una de las tareas donde más que conocimiento, se requiere una gran dosis de respeto, delicadeza, comprensión, empatía y empeño, sus resultados son sorprendentes. Como líder que eres sabes muy bien que esta habilidad de hacer relaciones tiene mas impacto en cualquier proyecto que inicias, todo cuanto hacemos y queremos lograr es sencillo en conjunto. Además, sin seguidores no hay liderazgo.

La realidad es que estamos conectados, requerimos de otros en algún momento, te imaginas vivir como único ser en esta tierra...

"Trata a un ser humano como es, y seguirá siendo como es. Trátalo como puede llegar a ser, y se convertirá en lo que puede ser." Blaise Pascal.

Esto me recuerda la leyenda de Pigmalión, dice: Rey de Chipre y escultor, no encontraba a la mujer que se acercara a su ideal de perfección femenina.

Cansado de buscar, esculpió en marfil a Galatea, su ideal de mujer. Su estatua era tan bella y perfecta, que pigmalión se enamoró de ella tanto que la besaba y la vestía con preciosas telas.

Pigmalión suplicó a Venus, la diosa del amor, que su estatua cobrara vida para ser correspondido. Cuando volvió a casa, observó que la piel de la estatua era suave. Besó a Galatea y ésta se despertó y cobró vida, convirtiéndose en la deseada amada de Pigmalión.

Hoy en día, se utiliza la expresión "efecto Pigmalión" para describir el siguiente fenómeno psicológico:

"El efecto Pigmalión es el proceso mediante el cual las creencias y expectativas de una persona respecto a otra, afectan de tal manera en su conducta, que la segunda tiende a confirmarlas. Del mismo modo que el miedo tiende a provocar que se produzca lo que se teme, la confianza en uno mismo, ni que sea contagiada por un tercero, puede darnos alas"

Aplicamos el efecto Pigmalión constantemente en nuestras vidas, algunas veces para bien (confiando) y otras para mal (desconfiando).

Muy importante, tenemos que ser muy conscientes de que aplicamos el efecto Pigmalión, a menudo negativo, con otros, familia, compañeros y amigos. De este modo estigmatizamos, demonizamos y respondemos a las acciones de ciertos profesionales influidos por las malas expectativas o experiencias que hemos tenido con ellos.

El Efecto Pigmalión es la posibilidad de que una persona logre algo que se propone como respuesta a la creencia de que puede hacerlo. Esto quiere decir, que, si estamos convencidos de que vamos a realizar una tarea de una forma u otra, es así como resultará.

Que te parece este gran efecto, todos nosotros en algún momento lo hemos aplicado, por lo tanto, debemos tener presente que este proceso se encuentra directamente relacionado con la autoestima, confianza y motivación. Ya que el convencimiento condiciona lo que nos proponemos. Cuidado, que la línea es muy fina entre la utilización positiva o negativa.

Que te parece si tomas este efecto como una actitud positiva y efectiva en la practica de tus relaciones, solo te pido que practiques un poco, date cuenta que el resultado te va sorprender. Solo recuerda que si quieres crecer como empresa y como líder se requiere de personas. Dar valor a las personas es uno de los actos más satisfactorios en el tránsito de este camino de crecimiento y liderazgo.

Salud

La salud es el estado completo de bienestar físico, mental, social y emocional de una persona. Algo comprensible para ti y para mí, que estamos adentrados comentando algunos puntos interesantes y muy distintivos en relación al ser. Elementos básicos como el sueño, agua, alimentación y sexo.

El Sueño. Mientras nuestra consciencia descansa cada noche, nuestra mente se encarga de generar un mundo mental interior al que llamamos sueños…

¿Qué son los sueños? En determinadas culturas los sueños son interpretados como mensajes de los dioses. Los discípulos de Sigmund Freud los consideran como ventanas que dan a la mente inconsciente, reflejando a menudo nuestros deseos más ocultos.

Algunos expertos opinan que los sueños constituyen un proceso a través del cual la mente elimina la basura emocional que se acumula durante el día.

Aunque la verdadera naturaleza de los sueños podría abrir un debate interminable, hay un aspecto perfectamente claro: pese a la expresión ausente en el rostro de un durmiente, el cerebro no se desconecta por la noche.

En realidad, algunas regiones del cerebro se vuelven más activas, sobre todo durante la fase concreta del sueño.

Se considera a la vida de vigilia como un reflejo de nuestros sueños. En ellos el alma se alimenta, cobra fuerzas, reposa de sus afanes y se levanta todos los días con energía renovada. Se les otorga así a esas horas de reposo, a las cuales dedicamos la tercera parte de nuestras vidas, una finalidad vital y creadora.

Más aún en ese estado, el alma liberada del cuerpo entraba en diálogo con sus semejantes, en un nivel misterioso y desconocido, continuando en él nuestras relaciones de vigilia.

El reposo, que parece ser una ley de la naturaleza, tanto para el reino animal como para el vegetal, ha llenado siempre de curiosidades a científicos, filósofos y poetas.

El sueño tiene una función reparadora de las energías físicas y psíquicas gastadas durante la vigilia.

Durante el dormir, el organismo elimina las sustancias tóxicas provenientes de la química que sostiene la actividad de las células nerviosas, que se acumulan durante la jornada.

El poder de la respiración. El fundamento de la salud es la buena circulación de la sangre, ya que este es el sistema que transporta el oxígeno y los nutrientes a todas las células del cuerpo. El que goza de una buena circulación tiene asegurada una vida larga y saludable.

Estamos hablando de un medio que es el torrente sanguíneo. ¿Sabes cuál es el órgano de mando que controla ese sistema? La respiración, con ella oxigenamos el organismo y estimulamos los procesos eléctricos de todas y cada una de las células.

El torrente sanguíneo funciona con la ayuda de una bomba, que es corazón. En cambio, el sistema linfático no cuenta con nada parecido, la linfa solo se desplaza gracias a la respiración profunda y el movimiento muscular.

En resumen, si tú quieres gozar de una sana circulación y de un sistema linfático e inmunitario eficaz es fácil solo aprende a respirar y realizar movimientos para estimularlos….

Y cuidado al empezar algún programa de salud, que como parte de su aprendizaje se olvida de iniciar con la depuración del organismo mediante una respiración eficaz.

Por este fundamento anterior y mil razones más (claridad mental, disminución de tensión, colesterol y azúcar en la sangre, control de presión arterial, etc.) Siempre voy a estar refiriendo a la oxigenación corporal, no quiero que me crean, he no, esto es para probarse, practicar un valor agregado, que contribuye como una acción a lograr un resultado positivo en cuanto a nuestra salud para ser, hacer y tener.

Una práctica que relaja y sana, super fácil, quizás ya la practicas o ya la conoces y ahora si quieres pues probarla. Es la llamada reparación diafragmática:

6x16x6 segundos, iniciemos con inhalar por la nariz a 6 segundos, retener a la respiración en el área abdominal por 16 segundos y soltar en 6 segundos, así repetir el procedimiento mínimo 6 veces tres veces al día. Y solo en días empezamos a sentir resultados muy satisfactorios. ¡Pruébalo!

El consumo de agua

¿Sabes, tomar agua en la hora correcta maximiza su efectividad en el cuerpo humano?

2 vasos de agua después de despertar ayudan a activar los órganos internos.

1 vaso de agua 30 minutos antes de comer, ayuda a la digestión.

1 vaso de agua antes de bañarse, ayuda a bajar la presión sanguínea.

1 vaso de agua antes de irse a dormir, evita apoplejías o ataques al corazón.

Agua. ¡Por favor! Has un alto voluntario en tu rutina y destina sólo unos minutos a beber agua; recuerda gran parte de nuestro cuerpo es agua.

El Sexo, es una actividad para agregar a la adecuada alimentación, ejercicios (actividad física) y un control del estrés, serán siempre la receta para vivir más y mejor.

La actividad sexual actúa en todo el organismo, como un estupendo estimulador para el corazón, para la memoria, para fortalecer el sistema inmunológico, para perder peso y hasta para combatir la celulitis. En fin, el sexo hace bien para la salud.

Sin tanto detalle para explicar los grandes efectos que tiene el sexo sobre el estado emocional, o sea, cuanto más feliz se es en la cama, más feliz se es en la vida. El trabajo amoroso, la seducción constante, la compañía, la honestidad y la confianza son ingredientes esenciales para que la actividad sexual sea enriquecedora y aporte a la salud integral de los seres humanos.

Claro que en materia de sexo nada está escrito, uno puede tener una guía determinada pero la historia la debe escribir cada uno.

Finanzas

¿Cómo comienzas hoy un futuro rico y libre? La buena noticia es que eso comienza en tu mente, tus pensamientos y tus acciones, todos los días, sin excepción.

Comienza haciendo un registro de donde pasas tu tiempo y con quien lo pasas.

Comienza sabiendo que debes hacer para que tu plan se convierta en realidad, para construir un puente desde donde estas, por encima de las aguas revueltas de tus sueños.

Hay que advertir que existen empleados ricos (ganan mucho dinero como tales, piense en el gerente de una empresa multinacional), hay autoempleados ricos (debe conocer muchos profesionales, contratistas o artistas que han hecho fortunas) y lo mismo con los empresarios.

Solo tienes un cierto número de horas en un día y un límite para que puedas trabajar. Entonces ¡por que trabajas duramente para conseguir dinero? Aprende a hacer que el dinero y la gente trabajen para ti y serás libre para hacer las cosas importantes.

¿Realmente que piensas de ganar dinero? ¿Es tan complicado como nos han enseñado? ¿En qué parte o nivel de estudios nos educan para manejar nuestro dinero? Pudiera decir que en algunas ocasiones nos enseñan a manejar los capitales de empresas, y en sí, hasta les aseguro que lo hacemos de forma excelente, y de manera personal en ocasiones le batallamos bastante.

Como todos en algún momento de nuestras vidas tenemos que empezar a manejar dinero. ¿Recuerdas las primeras veces que nuestros padres, hermanos o padrinos, nos dieron dinero, una mezcla de emociones y sentimientos, que hicimos? Adivinaste me lo gaste todo, como tú....

Con el paso del tiempo volvemos a recibir dinero, una y otra vez al seguir creciendo; Como estudiante, como empleado, como independiente, como empresario, como padre de familia, en fin, siempre ha pasado dinero por nuestras manos y de una u otra forma hemos tenido que administrarlo, ya sea bien o mal.

Sí miramos la forma en que las personas administran y utilizan su dinero podemos descubrir varias cosas. Sin perder de vista que generas algunas actitudes con tu dinero como: invertir, ahorrar, apostar y/o gastar.

Existen dos sentimientos que determinan tu actitud con el dinero y sobre todo cuando se trata de invertir o de generar más dinero, estos sentimientos son: El miedo y la ambición.

Veamos entonces como calificaríamos a las personas con respecto a estos sentimientos de Miedo y Ambición (No el deseo legítimo de prosperar, sino aquel que reza, el fin justifica los medios).

Actitud de Invertir. Estas personas usan sus recursos financieros con el fin de obtener algún beneficio futuro. Son conscientes de la necesidad de invertir. Se involucran activamente en sus propias decisiones de inversión. Tienen un plan de largo plazo claramente diseñado, que les permitirá alcanzar sus objetivos financieros. La capacitación financiera nos proporciona muchas ventajas, por lo general son hábiles para hacer crecer su dinero y ver oportunidades en donde otros no.

El inversionista no se deja paralizar por el miedo, ni toma decisiones basadas en la ambición, el inversionista analiza el riesgo, lo asume y lo controla.

De Nuevo la pregunta ¿Eres inversionista, ahorrador, apostador y/o gastador?

Sin importar en donde te sientas identificado, estoy seguro que después de leer esto quieres ser más del tipo inversionista, entonces aquí van unos consejos:

Evidentemente ser inversionista implica ser, hacer y tener mentalidad de inversionista, enfrentar el miedo sin paralizarte y tomar decisiones con deseos de mejora y logro.

1. Asesórate de profesionales en temas financieros.
2. Entiende bien la inversión que va a realizar. Lee completo y atentamente el contrato de inversión. Una vez entendido, decide si es el tipo de inversión que desea realizar, si no te sientes a gusto con las cláusulas, retira tu inversión.
3. Determina una estrategia para el retorno de la inversión de corto plazo. El inversionista profesional sabe que su principal objetivo es recuperar su dinero en el menor tiempo posible.
4. Un inversionista profesional sabe que, en un mundo de constantes cambios, la educación en temas financieros es de vital importancia para lograr sus objetivos económicos más rápidamente. Invierta un 10% de sus ganancias en temas que le permitan incrementar su coeficiente financiero. La cantidad de dinero que usted podrá generar, será proporcional al nivel económico que su mente esté preparada para aceptar.

Ser, hacer y tener mentalidad de inversionista. Todos podemos mantener una relación madura y responsable con el dinero siempre y cuando se tenga la suficiente consciencia fría que en determinados momentos de la vida hay que tener.

Nota como la mayoría de las actividades que se realizan tienen que ver con el dinero. Si no existe una educación apropiada será difícil poder mantener una actitud sana con él.

Es fundamental saber cómo funciona el dinero y así actuar en consecuencia.

Quienes se dedican al mundo de los negocios tienen muy en claro que la salida más exitosa es la de invertir en activos y no en pasivos.

Quien se entrega a los placeres sin hacer que su dinero crezca, será pobre toda la vida por más dinero que tenga.

No es lo mismo, dedicar una vida para comprarse un televisor y luego uno más grande, un ordenador y luego otro mejor o ponerle accesorios al coche, que son actitudes que dan gastos a dedicar una vida a invertir un ahorro en donde el dinero esté en movimiento y la persona puede generar más efectivo ya sea mediante el alquiler de un inmueble o de la compra o venta de un producto.

Actitud de ahorrar. La persona que reserva parte del dinero que se gana, para futuras necesidades, con la esperanza que algún día este dinero haya crecido para darle el estilo de vida que siempre ha soñado. Entiende que ahorrar no es malo, al contrario, es una excelente idea. Aquí el tema es la actitud que tiene el ahorrador, que lo motiva.

El sentimiento característico de los ahorradores es el miedo, por lo que el dinero, está en un medio de inversión de bajo riesgo y baja tasa de retorno, justificando por sobre todas las cosas la seguridad del capital. (Ejemplo: como la cuenta de ahorro, el colchón, sí muchos aun guardan la plática en Bancolchón por miedo incluso a que en el banco le pase algo.

Actitud de apostador y/o gastador. Ellos ven las oportunidades de inversión o de negocios de la misma forma en que ven un casino. Es solo suerte. Solo arrojan los dados y rezan. Ellos no analizan el riesgo; se dejan llevar por el sentimiento de ambición desmedida y se involucran en cualquier emprendimiento con ganancias altas sin analizar los riesgos, venden propiedades, sacan créditos para apostar y cuando pierden, culpan a los demás, argumentan que fueron víctimas de un engaño, pero nunca asumen la responsabilidad de sus actos.

Algunos llevan su dinero a la bolsa de valores, compran acciones como esperando ganarse la lotería. Lo preocupante de esto, es que muchos de ellos pierden. Se dejan llevar por sentimientos, noticias mal interpretadas, por el consejo de otros, que no tienen la educación. Y por lo regular cae en el gasto total.

Seguro cualquiera de nosotros con un mínimo de ganas, una mentalidad entrenada con un buen plan financiero sencillo, muchos deseos de aprender y trabajar de modo inteligente, podemos tener un capital que nos permita invertir en un plazo totalmente razonable.

Recomendaciones para mejorar tu relación con el dinero:

*Plasmar por escrito, donde se muestren todos los gastos desde lo más mínimo hasta lo más importante. Recuerda solo lo conocido se puede mejorar.

Es fundamental poder detallar cada uno de los egresos e ingresos, aunque se sea una sola persona. Es una medida que ayudará a ser organizado y prever de mejor modo los imprevistos.

*Ante todo respeto al dinero. Me refiero a respetar los ingresos que ganas, por ejemplo: Si tienes una empresa, respeta sus ingresos y da el orden requerido para que este cumpla con el flujo correspondiente, es decir, el efectivo de las ventas deberá depositarse o cumplir con cubrir la compra de mercancía y seguir su orden de flujo. Falta de respeto es interrumpir ese flujo y desviar los ingresos.

*En ningún momento dejarse llevar por las opiniones de amigos o familiares. Muchas veces, nos endeudamos porque nos estimulan, pero no hay que caer en la debilidad, ni en lo que genera el consumismo. Siempre hay que evaluar muy bien hasta qué punto se podrá asumir una deuda.

Si se tiene problemas para administrar el dinero, lo más acertado es ponerse en manos de alguien más, que sepa hacerlo acertadamente. Es una buena alternativa para evitar complicaciones. No todos tenemos la capacidad de auto administrarnos (claro es necesario aprender) y contar con alguien que sepa cómo hacerlo, es un punto a tomar en cuenta.

*Si la mala relación se debe a que no se tiene nunca el dinero suficiente, para poder desarrollar actividades básicas, lo primero que hay que lograr es un cambio de actitud hacia el dinero. Hay quienes lo detestan porque no lo tienen. Este pensamiento no ayuda, se requiere cambiar, el enfocarse en su ausencia, ni estar quejándose de la suba de impuestos, del desempleo o del no poder llegar a cubrir las cuantas al fin de mes.

Hay que hacer un cambio de chip, pensar en el lado positivo del dinero y en lo feliz que se será al tenerlo. Es el primer paso para generar la fuerza necesaria y empezar a disfrutar de una verdadera transformación. Recuerda que necesitamos cambiar esa programación que traemos sobre el dinero y tener siempre pensamientos positivos sobre él y su obtención.

Por ejemplo. Los pensamientos y afirmaciones que refuercen creencias positivas:

El dinero es fácil de obtener.

El dinero viene a mí, de todas partes.

El dinero es un bien retribuido, por los servicios que brindo.

Siempre reinvierto una parte del dinero que gano.

El dinero que obtengo siempre es bien distribuido.

El dinero es fácil de administrar.

Recursos Propios

Nada nuevo es saber que la conexión de nuestra mente y cuerpo tienen una gran interacción, tú y yo podemos comprobar en todo momento, que la mente influye al cuerpo y el cuerpo influye a la mente, lo mejor es que ambos, tenemos las dos cosas. Prueba lo siguiente: como si nos inclinamos de cuerpo entero hacia abajo con los hombros caídos y la mirada baja, nota esa sensación de malestar que te puede generar a manera de pensamiento, a lado contrario cuando te sientes con un logro o simplemente feliz, nota como estas de pie con firmeza y hasta la forma de caminar cambia, esto nos dice que podemos acceder como recursos propios, con sencillos movimientos y posturas para apropiarnos de recursos y aplicar en esos momentos que requerimos de ellos.

Frecuentemente he escuchado decir algunas personas, que no ha llegado el motivo que lo ayude a lograr una mejor vida, que la falta de voluntad detiene, que si tuvieran una píldora para la creatividad si lo que podrían hacer, y un sin fin de creencias o en algunos casos justificaciones para estar en la zona de confort, pues he aquí, una pequeña muestra que todos esos recursos que buscamos fuera están dentro de nosotros, es cuestión de recordarlo, aprender cómo acceder a ellos.

Te comento algunos de ellos, como invitación a probar y utilizar de forma frecuente, hasta lograr hacerlo automáticamente, los siguientes:

1. Motivación. Tirar y atraer, estos simples movimientos actúan sobre tu motivación. Si alejas de ti un objeto este resulta menos apetecible y, por tanto, disminuye tu deseo de tenerlo, pero si lo atrae hacia ti, aumentes su atractivo. ¿Por qué? Simplemente porque nuestro cerebro entiende que cuando apartamos un objeto es porque este nos resulta repulsivo o desagradable, por consiguiente, se activa realmente esta sensación.

¿Cómo aplicarlo? Puedes aplicarlo cada vez que un objeto te resulte atractivo, pero no quieras comprarlo o consumirlo.
2. Fuerza de voluntad. Aumentar la tensión muscular también incrementa la fuerza de voluntad. Te bastará aumentar la tensión de los músculos de los brazos o las piernas o agarrar con fuerza una pelota en la mano. Nuestro cerebro asocia esta rigidez muscular con la intención de permanecer en el mismo sitio, de no abandonar y, por consiguiente, también logramos hacer acopio de fuerza de voluntad.

¿Cómo aplicarlo? Cuando quieras evitar algo o cuando necesites mantenerte firme en una decisión.
3. Perseverancia. Siéntate bien derecho y cruza los brazos a la altura del pecho, este simple gesto te dará una dosis extra de perseverancia. Y es que nuestro cerebro asocia los brazos cruzados a una postura cerrada, lo cual implica que nos aferramos a nuestros criterios y no dejamos que factores externos nos molesten.

¿Cómo aplicarlo? Cuando estés inmerso en un proyecto complejo y piensas que estás a punto de abandonar.
4. Concentración. Utiliza tu mano no dominante, si eres diestro, por ejemplo, intenta realizar la actividad o al menos una parte de ella usando la mano izquierda. Normalmente las dificultades para concentrarnos se deben a que nuestra mente vaga y se mantiene ocupada con pensamientos que no tienen nada que ver con la tarea que estamos realizando. Sin embargo, usar la mano no dominante atraerá la atención de tu cerebro y este se verá obligado a concentrarse en lo que estás haciendo.

¿Cómo aplicarlo? Cuando estés involucrado en una actividad que te resulte poco motivadora, pero que debes terminar a toda costa. También es muy útil cuando estás a dieta y quieres comer menos.

5. Persuasión. Existen numerosos trucos para ser más persuasivo, pero uno de los más sencillos consiste en asentir con la cabeza. En práctica, mientras estás formulando la pregunta a tu interlocutor o haciendo la petición, asiente ligeramente con la cabeza. Si has logrado conectar con la otra persona, es probable que esta imite tu movimiento y, como resultado, aumentarán tus probabilidades de recibir una respuesta positiva.

¿Cómo aplicarlo? En cualquier contexto en el que necesites una respuesta afirmativa.

6. Sentido de culpa. Hay ocasiones en que un hecho casi intrascendente nos genera una sensación de culpa tonta, sin razón de ser. En esos casos, simplemente lávate las manos. Se ha demostrado que este simple gesto, no solo nos ayuda a limpiar nuestra conciencia, sino también a hacer borrón y cuenta nueva.

¿Cómo aplicarlo? Cuando sientas culpa por algo de lo cual no eres responsable.

7. Creatividad. Esta habilidad implica, sobre todo, ser capaces de pensar fuera de los límites. Por eso, cualquier movimiento inusual tiene el poder de activar la creatividad. Por ejemplo, puedes caminar un rato haciendo zigzag o cambiar por completo el orden de los pasos que conforman un hábito o una rutina cotidiana.

¿Cómo aplicarlo? Cuando necesites una dosis extra de creatividad y estés bloqueado.

Un recordatorio: esto es como saborear ese delicioso helado cremoso con chispas de chocolate, si como tu favorito, y ¿cuál fue la forma que puedes descubrir lo delicioso? ¡¡probándolo!!

IV.
ESTRATEGIAS ECOLOGICAS

Es para darse cuenta que uno mismo has sido la mayor barrera y el enemigo despierto a lado. Si en algún momento dentro de ti, hay algo, me refiero a una vocecita diciendo que no puedes conseguirlo más, si tus pensamientos te limitan, en ocasiones se consideras que en el entorno nada ayuda y todo está puesto en contra, esto te lleva a la falta de acción y así nos limitamos a mirar adelante, difícilmente se consigue ser la persona que se desea ser, hacer, estar y tener. Las situaciones deseadas no vienen por sí solas, por lo que tenemos que desear, pensar y actuar. Te invito a considerar estas estrategias que ya tienes a tu alcance, es decir, ya están incluidas y posiblemente con uso efectivo, ahora quizás encuentres algo diferente para provocar un cambio y seguir encaminado a la optimización e incremento aun más de tus ganancias. Pensamientos y actitud positiva son clave para lograr cualquier cambio con calidad personal para sí mismo y para el compartir con los demás.

Pensamientos Positivos

Los pensamientos positivos son la actividad y creación de la mente, es decir todo aquello que podemos imaginar en forma optimista, agradable, placentera, así como semillas que plantamos en nuestra mente que contribuyen a crear la vida que deseamos.

¿Como funcionan?

Para entender bien cómo funcionan nuestros pensamientos, es interesante analizar un cómo funciona desde un punto de vista operativo nuestra mente.

Entre otras funciones, nuestra mente (es decir, esa parte donde nos damos cuenta de los pensamientos y razón, se encarga de entre un 2 y un 5% de nuestra actividad mental) es la que controla nuestro pensamiento racional y lógico, y se encarga de analizar, juzgar y decidir. Por su parte, la mente (es decir, esa parte donde ni cuenta nos damos de lo que pensamos, es el restante 95-98% de nuestros procesos mentales) es la encargada entre otras cosas de guardar la información: vendría a ser como un archivo gigante donde están guardados los recuerdos de nuestras experiencias y todo nuestro sistema de creencias.

Estas partes de la mente, la cual nos damos cuenta y la que no nos damos cuenta, funcionan de forma interactiva.

¿Y tú qué piensas?

La gran ventaja que ya contamos con tener un promedio de unos 60.000 pensamientos al día: ¿Cuáles son los tuyos? ¿De qué tipo son? ¿Los reconoces o son tan automáticos que te pasan inadvertidos? Sea lo uno o sea lo otro, la buena noticia es que no somos víctimas de nuestra mente, sino que ¡somos los amos de nuestros pensamientos! Y aunque hasta ahora no lo hayamos hecho, a partir de hoy puedes empezar mejor pensar.

Al darnos cuenta y pensar en positivo, lo que hacemos es generar a nivel físico nuevos circuitos neuronales: a la mente tenemos que entrenarla y es importante insistir hasta que hayamos creado nuevas rutas en nuestro cerebro. Una vez logrado, éstas ya formarán parte de nosotros y se convertirán en nuestros hábitos positivos de pensamiento.

Para eliminar pensamientos negativos de nuestra mente es cuestión de atención, observa como la mente sólo puede poner atención a una cosa a la vez, así que estate atento y si descubres que tienes un pensamiento negativo, ¡simplemente cámbialo por otro positivo! Haz este ejercicio hasta convertirlo en un hábito. Aquí la practica hace al experto.

Te comparto un ejemplo simple que se me ocurre, así de la nada empiezas a pensar que se esta poniendo complicado el mercado y los servicios que ofreces cada día es mas difícil venderlos, te descubres en ese preciso momento al tener ese pensamiento y zas cambias y mejor piensas, y si me aplico a ofrecer mis servicios a nuevos clientes, mejorare estrategias de venta, innovar algún producto... algo así como ese maravilloso dialogo interno que generamos en cada momento. Eso si te das cuenta, en cada instante estamos generando ese dialogo interno y desde este momento aprenderás a ser muy consciente de escoger los diálogos internos positivos que apoyen el camino a mejorar.

Cambiar nuestros patrones de pensamiento consciente es una cuestión de práctica, de entrenar nuestra mente. Cada cambio que hagamos disminuye nuestra resistencia al cambio... el cambio se aprende, así que ¡entrénate!

Generar pensamientos positivos en nuestra vida nos apoya de nuestros logros, es un reflejo de nuestros pensamientos, así que, si deseas algo, ¡piénsalo! Además de pensarlo, ¡siéntelo! Además de sentirlo. ¡Hazlo! ¿Quieres amor? Ten pensamientos de Amor, siente amor y da amor.

Verás como el amor llega de vuelta a tu vida. Y lo mismo con la abundancia, la felicidad, el place y el dinero... Los pensamientos positivos nos ayudan, así, a crear la realidad que cada uno de nosotros deseamos.

Los pensamientos positivos también nos ayudan a sentirnos bien. Si te has dado cuenta, es imposible pensar en algo hermoso, divertido, alegre, y sentirse mal. Todo pensamiento causa en nosotros una reacción física, así que tener ideas o pensamientos positivos contribuye a nuestra buena salud.

Ejemplos de Pensamientos Positivos

El mundo es un lugar seguro.

El Universo me provee de todo lo que necesito.

La abundancia es una sensación y me gusta la sensación de abundancia que vivo en mí y a mí alrededor.

En el mundo hay suficiente para todos.

Elimino la palabra error de mi vocabulario: saco aprendizajes positivos de todas mis experiencias.

Cada ser humano ve el mundo de una forma diferente: yo elijo ser flexible y tolerante conmigo mismo y con los demás.

El mundo está lleno de buenas personas.

El ser humano es todopoderoso: Yo soy Todopoderoso. Con mis pensamientos positivos creo la Vida que deseo vivir.

La generosidad es esencial para crear un mundo mejor: elijo cooperar para ayudar a los necesitados.

Elijo vivir mi vida basándome en amor, tolerancia, la generosidad y la compasión.

Todo puede ocurrir en cualquier momento: confío en la Vida.

El trabajo es una fuente de ingreso de dinero. Otras fuentes, de las muchas que existen en el mundo, son: los regalos, los premios, las invitaciones; los buenos consejos, los intercambios. Ahora permito que todas ellas lleguen a mi experiencia.

Cada día en el mundo millones de personas ven cumplidos sus sueños. Hoy, yo soy una de ellas.

Todo lo bueno que doy, vuelve a mi multiplicado setenta veces, y más.

Recuerden que de cualquier forma tenemos que pensar, entonces a pensar en grande y con lo mejor.

Actitud Positiva

Tener una actitud mental positiva Es una cuestión de aprender a tener una FE inquebrantable en que la vida que tú deseas, saber que todo se está moviendo hacia ti con una fuerza super poderosa, y creer muy potentemente en sí mismo.

La elección de seguir en son de nuestros sueños y objetivos bien definidos se acompaña con comportamientos, y pensamientos adecuados, para generar esa actitud positiva, donde el pedir y visualizar las cosas que queremos no es suficiente, si no tenemos el firme convencimiento que realmente nos las merecemos (se mencionó en la parte del ser). Sabes he aprendido y creo que es realmente una de las claves principales del éxito. Ser consciente de que, en esta vida, obtener lo que uno quiere no se queda sólo en de forma optimista de pedir y desear, cuando a la par estas entre queja y queja o sentirse víctima de la mala suerte, es una cuestión de trabajar con esa congruencia de sentir, pensar y accionar en una misma línea y para un mismo fin.

Para cambiar tu vida, debes de elegir asumir la responsabilidad por tu actitud, y hacer todo lo que puedas para lograr que funcione contigo. Tu actitud puede verdaderamente llegar a marcar la diferencia. Depende de ti.

Recuerdo que conocí a una persona de la cual se mencionaba con una super actitud positiva, y que crees de primera vista su caminar era erguido, cabizbajo, hombros caídos y hacia enfrento. ¿Qué opinas, creerías que es una persona de buena actitud?

Iniciemos por mejorar nuestra postura con un caminar derecho con los hombros ligeramente hacia atrás y la vista hacia enfrente, que esto ayuda a mantener un buen estado de ánimo.

Te das cuenta como todo lo que has logrado hasta el momento tiene esa parte implícita del uso de la actitud. En definitiva, es de vital importancia tener un plan, en ocasiones sencillo, mental y en otras por escrito con detalle paso a paso, al fin plan. El uso de una estrategia para seguir paso a paso e incrementar resultados.

Claro está que la actitud positiva no es sinónimo de felicidad y éxito seguro, sino de predisposición. Y eso como apoya a ver de otra manera de ver las cosas, para promover un cambio significativo y profundo en la visión y en la actuación de las personas, supone no quedarse sólo con el optimismo, sino sumar valor y permitir que trabajemos para completar mediante la acción aquellas situaciones o aspectos que queramos mejorar.

Una actitud adecuada en cualquier situación determinada y casi siempre en todo momento está compuesta de las mejores características simbolizadas por palabras como fe, integridad esperanza, optimismo, coraje, iniciativa, creatividad, tolerancia, tacto, amabilidad, sentido común y pensamientos positivos.

"La actitud es el pincel con el que la mente colorea nuestra vida, y somo nosotros quienes elegimos los colores." Adam Jackson.

Es momento de ser conscientes que la actitud positiva, es la disposición voluntaria de una persona frente a la existencia en general o a un aspecto particular de esta. Los seres humanos como ya sabes, experimentamos una diversidad de emociones que distan de ser motivadas por su libre elección; en cambio, la actitud engloba aquellos fenómenos psíquicos sobre los que el hombre tiene uso de libertad y que le sirven para afrontar los diversos desafíos que se le presentan de un modo o de otro.

Aquellas disposiciones que nos ayudan a desenvolvernos frente a las exigencias del ambiente pueden englobarse en lo que se denomina actitud positiva. La actitud positiva de una persona se origina en hacer uso de aquellos recursos internos que ésta posee para solucionar sus problemas y dificultades. En efecto, el énfasis de una persona con actitud positiva se centra en aquello que posee en lugar de ocuparse de lo que carece, pasa de la preocupación a la ocupación. Así, la actitud positiva tiene injerencia en la salud mental fomentando sentimientos de bienestar y placidez.

De todas las cualidades que caracterizan a la persona de éxito, la más importante es su actitud y que mejor, es un recurso interno muy propio, con aprendizaje a gestionar con esa intención positiva. Indudablemente que para lograr el éxito es importante desarrollar toda una serie de cualidades, como buen uso de la persistencia, la intuición, la creatividad, un deseo de aprender, la decisión y la visión, pero de todas estas la actitud es la más importante.

De hecho, si tú posees una gran actitud puedes aprender las otras cualidades necesarias para alcanzar el éxito en cualquier área de tu vida.

Es posible mencionar que la actitud positiva, es el principio más importante de la ciencia del éxito.

En una ocasión observando la actitud en un equipo de deporte, aprendí que la actitud con la que el jugador afronta una ronda de competición va a determinar en gran parte su rendimiento. Es con una actitud positiva que el jugador desarrollar todo su potencial, elimina la posible ansiedad y puede disfrutar compitiendo. Tan solo observa un poco ese equipo favorito.

Es evidente que lo más importante en una competición es el resultado que se obtiene. En líneas generales podemos dividir a los jugadores en dos grupos dependiendo de la actitud que tengan a la hora de intentar conseguir un buen resultado: aquellos que salen al campo con la actitud de conseguir un buen resultado dando (haciendo aciertos, actitud positiva) y aquellos que creen que para conseguir un buen resultado lo que tienen que hacer es no dar malos movimientos (evitando errores, actitud negativa). Ningún jugador está al cien por cien con una actitud u otra, pero sí que podemos decir que existe una predisposición más acusada hacia un lado u otro.

En verdad es que dependiendo de la actitud que el jugador tenga, la competición se ve como algo positivo o negativo, para conseguir una actitud positiva lo que hay que hacer es tener muy claro cuál es el potencial que uno tiene realmente, a partir de ahí intentar desarrollarlo durante la competición sin importar las consecuencias ni el resultado que se obtenga. Si conseguimos salir al campo con una actitud positiva estable podemos estar seguros que nuestra mente va a jugar a nuestro favor. Muy parecido a ese campo de competición de un juego es el área empresarial donde ejecutamos un potencial para lograr resultados extraordinarios y disfrutando la acción.

Algo interesante agregar en lo referente a la generación de actitud positiva es la capacidad ya mencionada en este mismo libro referente a la interacción comunicativa entre el sentir, pensar y hacer. Significa que los pensamientos influyen directamente en nuestros sentimientos y éstos condicionan nuestras acciones, o sea, nuestras conductas.

Dicho de otra forma, pensar es la creencia o pensamiento que genera la actitud o predisposición con la que afrontamos las cosas; sentir es la emoción agradable o desagradable que impulsa en nosotros unas conductas u otras; y hacer es la conducta que elegimos. Me encanta esto y te vuelvo a repetir, esta capacidad de interacción de pensar, sentir y hacer, concluye con la conducta que elegimos, si elegimos. Todo esto quiere decir que la actitud es un recurso propio que puedes modificar y elegir. ¡Ya lo tienes, solo úsalo!

La actitud es esa sensación interna que se expresa, muy parecido al aire dentro del cuerpo, siempre sale. Uno de nuestros recursos internos menos explotados. Recuerda que lo que te comes tiene un impacto importante en tu estado de ánimo: comer algo ligero cada 3-4 horas mantiene los niveles de glucosa estables, no te brinques comidas, evita el exceso de harinas blancas y el azúcar. Come de todo, solo medido.

Pensamiento y actitud

Así que todo pensamiento provoca un sentimiento y una actitud que mueve nuestras conductas. Podemos identificar esta secuencia lógica en nuestro día a día. Por ejemplo: si pensamos que no hay suficiente empleo para todos, un sentimiento que seguramente me va a provocar es miedo a que los demás estén más preparados que yo, y por tanto me limite a inscribirme en las ofertas de trabajo que se ajustan cien por cien a mi perfil. Otro ejemplo: si pensamos que es muy difícil montar tu propia empresa, posiblemente el sentimiento que te genere sea miedo y algo de frustración o pereza, impulsando actitudes poco resolutivas de cara a emprender.

Parece lógico que modificar actitudes se base en modificar pensamientos. Eso es lo más rápido. Aunque también ocurre que cambiando conductas terminemos cambiando determinados pensamientos. Es algo más lento y seguramente con un costo emocional más alto. ¡Piénsalo!

Se me viene a la cabeza el ejemplo de una persona con miedo a hablar en público, habría dos caminos para afrontar ese cambio cuando lo necesite: uno es trabajar en las ideas que se le vienen a la cabeza cuando va a hablar en público y terminan bloqueándola, para cambiar esos pensamientos. La otra es simplemente hablar en público cuantas más veces mejor. Esto también terminará cambiando esas ideas que la bloqueaban, aunque lo pasará bastante mal al principio.

Yo personalmente creo que depende de cada persona, y que casi siempre resulta interesante empezar a trabajar en paralelo ambos caminos.

Evitar los pensamientos que no nos apoyan. Es una obviedad importante de recordar que una de las aplicaciones más importantes de identificar los pensamientos que condicionan nuestras conductas es apartar o evitar los que no nos apoyan. Y digo que es importante de recordar por muy obvio que parezca porque se nos olvida muy seguido.

De hecho, los pensamientos se automatizan, se convierten en hábitos y saltan como resortes sin que podamos controlarlos, a no ser que tomemos conciencia de ellos. Y además de los pensamientos propios, están los colectivos, que son casi tan potentes condicionando nuestras conductas como los primeros: los lunes son horribles, ya se acabó lo bueno con el verano, sin dinero no puedes hacer nada, la cosa está muy mala... ¿Te suenan?

Lo malo de todo esto es que no hay actitudes neutras: o son positivas o son negativas. De hecho, en cuestión de pensamientos, o estás a favor o estás en contra, y eso provoca en ti emociones agradables o desagradables que condicionan tus conductas bien o mal. Así que todos los pensamientos te afectan. ¿Te has detenido a observar y escuchar esos pensamientos que te afectan?

Ejercicio de autoconocimiento

Te comparto e invito este ejercicio sencillo y práctico para identificar los pensamientos que no te apoyan o incluso que te limitan. Toma un cuadernillo de papel y lápiz, y durante una semana o dos, dedícate a identificar cada noche al terminar el día situaciones de ese día en las que no te sentiste bien con lo que hiciste. Déjate llevar e identifica al menos una o dos situaciones cada día apuntando de cada una de ellas: qué pensaste, qué sentiste, qué hiciste. Por separado, y en ese orden. Seguro que, a la vuelta de dos semanas, simplemente con mirar tu lista, lograrás conclusiones propias muy edificantes. ¡Suerte!

Date cuenta que la actitud es la columna vertebral de la vida, el éxito de una persona es 85% actitud mental y 15% conocimientos y herramientas.

Una actitud mental positiva se manifiesta cuando la persona dirige sus pensamientos para ver la vida con posibilidades, abundancia, oportunidades y es proactiva.

Y una actitud mental negativa se manifiesta cuando la persona al dirigir sus pensamientos no ve posibilidades, sin que ve escasez, solo los problemas, se victimiza y es reactiva.

Estas actitudes son reguladas por los pensamientos y las emociones. Si las emociones son negativas y destructivas, los pensamientos se vuelven negativos y destructivos y a la inversa, si las emociones son positivas y constructivas los pensamientos se transforman en positivos y constructivos.

Si actúas como pensador entonces ¡eres uno de ellos! Pero que estilo de pensador eres ¿Positivo o negativo? La actitud mental es un promotor o bloqueador de la creatividad. Al hablar de creatividad existen factores que intervienen en los procesos creativos, como los cognitivos, afectivos y ambientales.

¿Cómo desarrollar una actitud positiva y poner en práctica el pensamiento positivo en tu vida?

El optimismo y una actitud positiva son las causas fundamentales de muchos beneficios positivos en la vida como el bienestar y la felicidad. Se conoce que las personas con una mentalidad positiva son más exitosas que otras, porque ven los problemas y el fracaso como una oportunidad para avanzar en su conocimiento ya que estas personas son capaces de aprender de sus errores. Todo el mundo que haya experimentado el poder de la actitud positiva conoce lo poderoso que puede ser la aplicación del pensamiento positivo y el desarrollo de una actitud y mentalidad positiva.

Definición de Actitud Positiva:

La actitud es un estado mental que involucra creencias y sentimientos que influyen en nuestro comportamiento y en las decisiones que tomamos. Una actitud positiva permite a las personas estar en un estado mental muy optimista. Los optimistas tienen la firme creencia que en su vida futura siempre ocurrirán cosas buenas, tal como había ocurrido en su pasado. Una persona con una mentalidad positiva es capaz de describir un acontecimiento negativo como simplemente un incidente y tienen la oportunidad de aprender de sus errores para evitar que estos malos sucesos ocurran en el futuro.

¿Cómo desarrollar una actitud positiva y optimista?

Incluso si has sido una persona muy pesimista y con pensamientos negativos, todavía puedes cambiar tu forma de pensar y sacar provecho de desarrollar una actitud positiva. Todo lo que necesitas para hacer esto es paciencia y mucha práctica.

1. Identifica y cambia.

El primer paso hacia una actitud positiva y de pensamientos optimistas es detectar tus pensamientos negativos y tu estado mental. Tienes que ser consciente de que tienes el máximo control sobre cada uno de tus pensamientos. El pensamiento pesimista es sólo un hábito negativo que se ha desarrollado durante muchos años. Sin embargo, cada hábito negativo puede ser cambiado a uno más positivo. Puedes cambiar tus hábitos negativos desarrollando una actitud positiva con la siguiente técnica:

Cuando te reconozcas a ti mismo pensando de manera negativa sobre próximos eventos en el futuro, tienes que asegurarte de poner fin de forma inmediata a este pensamiento.

Entonces tendrás que valorar la situación acerca de este evento. No te dejes influir por tus miedos y ansiedades que son las que han causado los pensamientos negativos. Digamos que has detectado el siguiente pensamiento negativo:

"Definitivamente voy a suspender la próxima inversión"

A continuación, comienza a ser realmente consciente acerca de tu situación ante esa inversión: "Es sólo un parte de mi negocio. He trabajado mucho para esta inversión. Estoy bien preparado".

Cuando te hayas dado a conocer a ti mismo tu situación real acerca de la inversión, entonces es hora de cambiar una mentalidad negativa por una actitud positiva:

"Esta inversión es mi oportunidad de negocio para crecer y obtener mayores utilidades en este periodo. Me aseguraré de recompensarme por todo el esfuerzo que he realizado con el fin de lograr una gran mejora económica. ¡Voy a tener éxito!"

2. Afirmaciones positivas.

Tú también puedes fortalecer tu actitud positiva mediante la aplicación de las afirmaciones. Si no estás muy familiarizado con el uso de las afirmaciones, entonces te recomiendo que leas el siguiente capítulo, ejercicio de afirmaciones.

Por ejemplo, repetir la siguiente frase y empieza a ponerlo en práctica en tu vida diaria diciéndotela una y otra vez a ti mismo:

"Soy una persona extraordinariamente positiva y siempre tengo una actitud positiva."

3. Aprecia la vida.

Aprecia cada momento que vives. Deja de preocuparte por cosas innecesarias y asuntos triviales y comienza a enfocarte ahora en las cosas que son realmente importantes para ti. Comienza tan pronto como sea posible a hacer los cambios necesarios. Tu vida está determinada por las elecciones que haces. Es tu responsabilidad y tienes el poder de tener la vida que deseas. Toma decisiones que te ayuden a crecer en la vida.

4. Tienes el control.

Lo que crees en tu mente es lo que verás a tu alrededor. Aunque no puedas controlar muchas situaciones o problemas en tu vida, sí podrás controlar como reaccionas ante ellas.

5. Deja opiniones ajenas.

Nunca le des ninguna importancia a las opiniones de otras personas. Toma conciencia de quién eres y deja de identificarte con las opiniones de los demás sobre ti. Nunca dejes que las opiniones de otras personas afecten lo que piensas de ti mismo. Debes creer siempre que eres poderoso y puedes lograr lo que te propongas.

6. Cambia y movimiento.

Cuando estás estresado y te sientes negativo acerca de la vida, un cambio en tu entorno puede cambiar tu perspectiva a una visión más positiva. Ve a otro lugar, lee un libro o simplemente dé un paseo por el vecindario. Esto te ayudará a cambiar tu actitud hacia la situación.

7. Concéntrate y agradece.

Cuando comiences a enfocarte en lo que tienes en lugar de en lo que te falta, estarás más satisfecho con tu vida. Sé agradecido por lo que posees. Si te encuentras comparando tu vida con la de los demás, intenta comparar tu vida con la de los menos afortunados. Cuando hagas esto, verás cuán abundante es tu vida.

8. Ámate.

Acepta y ama quien eres. Evita todas las distracciones y abre los ojos y ve lo que tienes en la vida. Te darás cuenta de que tienes todo lo que necesitas para tener una vida feliz, positiva y satisfecha. Sé tú mismo. Eres una persona increíble, créelo y recuérdatelo a ti mismo a menudo.

W. Clement Stone dijo: Hay muy poca diferencia entre las personas, pero la pequeña diferencia marca una gran diferencia. La pequeña diferencia es la actitud. La gran diferencia está en si es positiva o negativa.

Para Enfrentar tormentas externas. Cuando sientas que hay problemas alrededor de ti, igual que una tortuga, entra dentro de ti mismo y experimenta la paz interior. Muchas veces surgen situaciones de las cuales la solución no depende de nosotros.

En tal caso, es común que las personas nos desesperamos y perdemos esperanzas.

La actitud correcta es entrar adentro de sí mismo. Ahí se esconde un océano de paz y calma, listo para ser descubierto. Es estar un buen rato adentro, disfrutando de tu propia paz, hasta que esté listo para salir y enfrentar las tormentas externas.

"La actitud es una pequeña cosa que hace una gran diferencia." Winston Churchill.

En el convivir diario, todos sabemos que podríamos fluir mejor y tener menos complicaciones practicando estas simples actitudes, me pregunto ¿si lo sabemos? ¿porque no lo aplicamos?

Será que es más sencillo estarnos complicando con situaciones innecesarias o de plano, tomamos el papel de víctimas y queremos esperar que alguna otra persona se nos acerque a estarnos recordando.

Te invito a practicar estos puntos ya conocidos, es más que hasta en varias situaciones los aplicamos. ¡Atreve a mejorar tu calidad como persona!

*Detecta lo positivo. * Toda situación por negativa que parezca, tiene su parte positiva. Que, en esos momentos, nos enfoquemos a lado negativo, es cuando debemos entender, que no todo es malo, ni todo es bueno, el existir de los opuestos es ley de vida. Sera bueno al encontrarnos en una situación negativo buscarle el lado opuesto (positivo).

*Sigue la línea y cambia. *Lo que estás haciendo, no te da lo resultados deseados, cambia de dirección y hasta toma el camino contrario, si es necesario.

*Preocupaciones a lado. *Casi todas, sino todas preocupaciones, no nos sirven para nada. Has notado como por todo lo que te preocupas, objetivamente puedes solucionar, el preocuparnos no tiene ningún sentido.

*Esfuérzate y cambia lo que dependa de ti. * Aprender aceptar lo que no depende de nosotros cambiar y poner todo el interés y nuestros recursos, en cambiar todo aquello que esté a nuestro alcance, iniciando por identificar cada situación.

*Cuidado con tanta seguridad. *Como todos los excesos, la seguridad de nuestros logros, ponen en peligro los resultados obtenidos, se requiere mantenerse, y mucho depende del empeño que apliquemos, definitivamente debemos mantener lo logrado a diario, con el mismo entusiasmo con el que iniciamos.

*Enfócate en una y después otra cosa. *Bien dicen por ahí quien sirve a tantos, con alguno queda mal, deja el trono del agobio, sin aceptar labores y responsabilidades, que no cuentas con las capacidades ni tiempo para hacerlas.

*Comparte como eres. *En tu entorno siempre causaras la mejor impresión, con un comportamiento natural, sin andar esforzándote por quedar bien con nadie.

*Agrega vida a los años. * Como dice la canción, no se puede añadir tiempo a la vida, lo que podemos hacer es ponerle vida al tiempo, cuidado si te pasas tu tiempo en labores de disgusto y sin beneficio. ¡Busca siempre hacer lo que más te guste!

El Poder de Creer

La palabra poder (palabra se utilizada para hacer referencia a la facultad, facilidad o potencia para hacer algo), es de las que suscitan emociones fuertes, muy diversas, por cierto; para algunas personas tiene una connotación negativa; otros no anhelan sino el poder. Otras personas consideran que les mancharía, como cosa venal y sospechosa. Y tú, ¿cuánto poder desearía tener? ¿Qué medida de poder, te parecería justo alcanzar o desarrollar? ¿Qué significa el poder para ti, en realidad?

Para mí el poder definitivo consiste en ser capaz de crear los resultados que uno más desea, generando al mismo tiempo valores que interesen a otros. Es la capacidad para cambiar la propia vida, dar forma a las propias percepciones y conseguir que las cosas funcionen a favor y no en contra de uno mismo.

El poder verdadero se comparte, no se impone. Es la aptitud para definir las necesidades humanas y para satisfacerlas (tanto las propias, como las de las personas que a uno le importan). Es el don de gobernar el propio reino individual.

¿Qué es un mago? Es sencillamente alguien capaz de transformar. Tradicionalmente a los magos se les ha atribuido el conocimiento de la alquimia, es decir, del arte de convertir un metal inferior en oro. Pero el poder de este conocimiento es, en realidad, mucho mayor. La alquimia convierte a los seres humanos en oro, convierte sus cualidades inferiores de temor, ignorancia, odio y vergüenza en algo mucho más preciso: el amor y la realización plena. Por tanto, un maestro que pueda enseñarnos a convertirnos en seres libres llenos de amor, es por definición, un alquimista o un mago. "Hay un mago dentro de cada uno de nosotros. Un mago que lo ve y lo sabe todo". Se necesita tener una vida para aprender lo que el mago tiene que enseñarnos. En primer lugar, el mago interior en nuestras páginas se llamará Merlín. Él, que representa nuestra sabiduría interior, ha sobrevivido siglos, ha pasado por infinidad de pruebas.

Felizmente, nuestro Mago interior sólo ve la verdad en el espíritu, no la falsedad, porque el placer que sentimos a través de nuestros sentidos, el dolor que experimentamos ante una pérdida, la búsqueda infinita de la riqueza y el rechazo extremo a la pobreza, todo esto que conforma nuestra vida cotidiana parece real, solo hasta el momento en que se aprende a ver con los ojos del mago.

La apariencia exterior de la vida será la vida misma, si en lo único en lo que creemos es solamente en lo que podemos ver y sentir. Pero si por el contrario seguimos las enseñanzas del mago interior que cada uno de nosotros llevamos, nos reconoceremos como parte de un todo y sabremos por fin que todo es posible. Todo lo que el mago ve, tiene sus raíces en el mundo invisible. Si tú crees… Tu propio juicio.

Es aquí el valor de la autoespectativa positiva, como la primera cualidad que se identifica más superficialmente en un ser humano ganador y con logros, es un optimismo puro y simple o el entusiasmo para todo lo que hacen, que consiste en esperar resultado óptimo de todas las acciones propias. Los ganadores esperan ganar de antemano, entienden que la vida es el cumplimiento de una profecía propia, aceptan la creencia de que al tener una esperanza y una fe profunda e indestructible logra todo.

Tu mejor adivino para pronosticar las acciones propias, es el cuerpo y la comprensión de la salud es la mente.

Necesitamos entender que quienes tienen pocos logros se pasan esperando incidentes en su vida, desde enfermedades, despidos, malas noches, inconformidad por un servicio, expectativas angustiosas, miedos, situaciones conflictivas, etc.

Recuerda que las obsesiones mentales traen sus manifestaciones físicas: Eres o te conviertes en lo que tú temes o tendrás lo que sospechas, tú eres lo que esperas ser.

¿Quieres ganar más? Desarrolla tu autoespectativa positiva esperando siempre lo mejor, ser mejor, tener las mejores relaciones familiares, tener más dinero, tener el trabajo que te gusta, tener los mejores amigos, etc. Siempre con la esperanza de lo mejor. Debemos tener presente que la clave al final el cuerpo expresa lo que la mente guarda.

Técnicas de actitudes para desarrollar la autoespectativa positiva:

*Ver los problemas como oportunidades y sacar lo mejor de estas situaciones.

*Permanece relajado y amable, a pesar de cualquier situación.

*Trato con las personas, deja de resentir y criticar, trata de elogiar.

*Emociónate y entusiásmate con los sueños, dicen que las emociones de los sueños son como un incendio, se siente, se puede oler, se ve a la distancia y esa emoción hace el plan y la acción que te mueve a superar tropiezos.

"La autoespectativa positiva es la actitud de la fe interna, que general el estímulo intenso hacia la acción."

Reflexiona:

Si tú ves y crees en tu país en crisis la tendrás en tu negocio, casa y persona. ¡Recuerda que estas dentro de este país!

¡Si tú ves y crees que vives inseguro, cuidado!...

¡Si tú ves y crees que tienes una familia complicada!...

¡Si tú ves y crees que tu trabajo es sacrificio!...

¡Si tú ves y crees que tus trabajadores les falta producir!...

Etc. Etc. Etc...

Mi querido amigo(a) te quiero recordar que la vida nos enseña que en todo se nos hace presenta la polaridad, para todo tenemos y conocemos ambos lados, la tristeza-la alegría, el amor-el desamor, el negro-el blanco, la tempestad-la calma, el resentimiento-el perdón, la muerte-la vida, y así podemos mencionar infinidades, como personas nos es necesario conocer ambas partes, pues sin conocer la tristeza como aprendiéramos lo que es la alegría, lo bonito es saber cuándo tomar beneficios de cada parte para vivir plenamente...

Recuerdas algún momento cuando niños al ir a la playa y jugábamos con nuestros padres o familiares, amigos en la orilla del mar, construyendo castillos, casitas, barcos, cubriendo cuerpos, todo cuando ideamos con la arena mojada, aun a sabiendas que por más hermoso e inmenso nos quede, llegará una ola del mar y se desvanecerá, aun así, reaccionábamos emocionados y lo volvemos a levantar, y así, pasaban horas. Sabes que sigue siendo lo mismo hoy, cuando vayas a la playa o lleves a tus hijos, observa, es un encanto estar construyendo y como padres les decimos ahí te lo llevara el agua, sin embargo, los niños con emoción siguen construyendo y con la misma emoción observan como el agua destruye lo que edificaron (¿será que creíamos tanto que volver a construir y rehacer es posible y sencillo?).

Entonces si lo hemos vivido y lo observamos en los niños, porque hoy si construyes una casa y por alguna situación se pierde, en vez de empezar a construir de nuevo, nos lamentamos, nos quejamos, todo se nos hace injusto en ocasiones, dejamos de creer que es posible, hasta perdemos las ganas de vivir. Lo mismo pasa con una carrera, te detuviste, sigue adelante vuelve a comenzar, un negocio se acabó dejo de funcionar, construye de nuevo, un auto se destruyó, para que lamento si un día lo obtuviste vuélvelo hacer, un matrimonio, lo destruiste vamos construye o reconstruye de nuevo, esa es la vida, en realidad las polaridades son una sola, construir y destruir es lo mismo, y si es lo mismo, porque llevar una vida tan incomoda por eso, cuando ya pudiste construirlo algún vez, simplemente volver a construirlo, somos capaz de construir nuestra salud y si algo falla, seguimos en la vida construyendo, aunque en ocasiones a la par estemos destruyendo, la ventaja es que el aprendizaje de construir está ahí, lo que tu decidas y donde decidas aplicarlo es lo que te hace llegar a una vida plena. Vuelve a creer una, otra y otra vez, y las veces que sea necesario para seguir construyendo el camino a tus sueños.

Cambio

"Las cosas no cambian, somos nosotros los que cambiamos." Henry David Thoreau

Posiblemente estés en acuerdo de pensar que desearíamos cambiar la forma que tenemos de sentir las cosas y los comportamientos que con ese sentir generamos.

¿Cuáles son los cambios que desearías producir en tu vida?

Uno de los componentes clave para crear un cambio perdurable consiste en cambiar las creencias.

Son tres las creencias específicas acerca de la responsabilidad que debemos tener para crear un cambio ahora y que sea perdurable:

1º Tenemos que creer: Algo tiene que cambiar. No que "debería" o que "podría" cambiar, sino que tiene que cambiar absolutamente. A menudo oigo decir a la gente: "debería perder peso", "mis relaciones deberían ser mejores". Pero sabemos muy bien que podemos cargarnos con todos los "debería" del mundo sin haber cambiado nada en nuestra vida. El proceso de hacer realmente lo necesario para cambiar la calidad de nuestra vida sólo se inicia con un imperativo "tengo que".

2º No sólo tenemos que creer que las cosas tienen que cambiar, sino que tenemos que creer: "Tengo que cambiarlo". Tenemos que vernos como la fuente del cambio. En caso contrario, siempre andaremos buscando a alguien que efectúe el cambio por nosotros, y siempre encontraremos a alguien a quien echarle la culpa si no funciona. Tenemos que ser la fuente de nuestro propio cambio para que este sea perdurable.

3º Tenemos que creer: "Puedo cambiarlo". La mayoría de las personas vincula piensan en mucho dolor con la idea de ser capaces de producir un cambio con rapidez. Por un lado, deseamos cambiar rápidamente, mientras que, por el otro, nuestra programación cultural, nos enseña que el cambio rápido puede significar que nunca existió el problema; que nos estábamos engañando o que éramos perezosos.

Debemos adoptar la creencia de que podemos cambiar en un momento. Al fin y al cabo, si somos capaces de crear un problema en un momento, también deberíamos ser capaces de resolverlo con la misma rapidez. Habitualmente, lo que a la gente le cuesta cierto tiempo es el prepararse para el cambio.

Sin estas tres creencias esenciales, cualquier cambio corre el riesgo de ser sólo temporal. Yo tengo, yo lo voy hacer y yo puedo hacerlo.

Hablar de cambios es referirnos también a nuestro sistema de creencias, está enfocado a crear o destruir, eso significa que tú y yo contamos con ese poder. Quiero decirte que no son los eventos en nuestra vida lo que nos da forma, sino nuestras creencias de lo que esos eventos significan. En pocas palabras no es lo que nos pasa, mas bien que hacemos con eso que nos pasa.

Lo que somos es un resultado de lo que hemos creído y nuestras creencias son el resultado de lo que hemos aprendido y vivido. Podemos llegar a la conclusión, que la realidad que tenemos, vemos y experimentamos ahora es un resultado de lo que fuimos y lo que creemos.

Con nuestras creencias hemos dado lugar a paradigmas; un paradigma es para nosotros, desde nuestro personal punto de vista una verdad absoluta, entonces si lo que creemos es una idea cierta, son estas ideas, las que día con día construyen lo que vivimos en el aquí y ahora.

Muchas de las cosas que creemos, nunca nos hemos detenido a analizarlas y a averiguar qué nos quieren decir en nuestra construcción diaria de la realidad, seguramente algunas de las siguientes ideas las creemos sin analizarlas, por ejemplo:

La gente rica es tramposa
El dinero es sucio
El dinero es malo
Soy pobre, pero bueno
Así como llega el dinero se me va
Para tener dinero hay que sacrificarse mucho
Siempre debo dinero
Mis padres eran pobres, por eso soy pobre
Los pobres nunca pueden salir de la miseria
Nunca conseguiré un buen empleo
Es difícil ganar dinero
Gano lo necesario para comer
¿Qué hice para merecer este dinero? si yo no me lo merezco
Hay que ahorrar para momentos difíciles
Siento envidia por el dinero que ganan los demás

Te has puesto a pensar ¿cuántas de estas creencias son tuyas? ¿Crees que con este tipo de ideas y pensamientos adquirirás prosperidad y abundancia económica?

Este grupo de paradigmas son ideas limitantes y probablemente muy viejas. Posiblemente era lo que tu familia creía, lo que tus padres pensaban, como resultado de sus propias vivencias, y creciste con esos pensamientos. Quizás, te inculcaron lo que ellos creían o pensaban acerca del dinero. Las creencias familiares se quedan con nosotros a excepción que trabajemos de forma consciente en liberarlas, este es el objetivo de estos comentarios.

El deseo es el punto de partida de todo logro, no lo es una esperanza, no lo es una ilusión; un profundo deseo palpitante, será el que trasciende todo. Piénsalo ¡Tú lo tienes!

El significado que ponemos en cualquier evento, tiene una gran influencia en quien somos ahora y en el dónde estaremos mañana. Las creencias son la clave sobre como diferentes personas ven el mismo evento.

"Debajo de todo lo que pensamos, da vida a todas nuestras creencias, como el ultimo velo de nuestro espíritu." Antonio Machado

Si hablamos a manera general, la mayoría de las creencias están basadas en experiencias pasadas de resultados de placer o sufrimiento. Hay interpretaciones personales de los resultados que pueden ser obtenidos de un curso de acción particular. Una vez aceptados, ellos nos dan el poder increíble sobre el futuro de nuestras acciones.

Te recuerdo una vez más, nuestro cerebro nunca sabe distinguir entre algo que es vívidamente imaginado y algo que es experimentado físicamente, ¿qué significa esto? Que tú y yo podemos lograr literalmente cualquier cosa, desarrollando el sentido absoluto de certeza que las poderosas creencias nos dan.

Sabes que todo descubrimiento personal empieza con un cambio de creencias. Para cambiar una creencia limitante, es sencillo con esta forma. ¿Probamos? Mentalmente asocia grandes y masivas cantidades de dolor con una antigua creencia, e igual masiva cantidad de placer con una nueva y benéfica creencia.

Por ejemplo: Una creencia limitante "Con la situación económica actual no se puede ganar." Te imaginas que va pasar con tu negocio si crees en eso, que mal te puede ir, de que vivirías, y tu familia, muy mal. Ahora vamos a crear una nueva creencia "Con la situación económica actual hay mas oportunidades para ganar." Piensa en qué posición te sientes pensando en esta realidad, generando nuevas oportunidades para ganar, a donde puedes llevar a tú empresa, te gusta y sabes lo bien que se siente ganar y crecer. Recuerda que como dicen en tiempos de llanto a vender pañuelos.

Otra opción para cambiar nuestras creencias limitantes es cuestionártela y cuando descubres que sus bases son falsas, simplemente las fuiste creando... ADIOS creencia limitante y como si fuera un chicle, solo se mastica y se tira.

Sigamos con el mismo ejemplo anterior. La creencia limitante "Con la situación económica actual no se puede ganar." Cuestionarla es fácil ¿Otros están ganando? ¿existen empresas actuales con ganancias exorbitantes? ¿La situación económica actual para quién? Y respondiendo vas descubriendo que solo es una expresión de tu sistema de creencias que te puedes demostrar es diferente y ya esta el cambio. ¡Fácil!

"Solo en la imaginación del hombre, cada verdad encuentra una existencia efectiva e innegable imaginación, no invención, es el supremo maestro del arte, entonces de la vida." J Conrad.

Cambia un Hábito

Seguido afirmo que cuando buscamos un cambio en nuestra vida para mejorar es posible realizarlo de manera inmediata, podríamos decir que hábitos alimenticios, dejar el consumo de cigarro y/o alcohol y otros, podríamos incluir entre estos cambios algunas actitudes como preocupación, molestia, mal humor, desespero, tensión etc., etc. Y me es importante aclarar que al afírmalo, los resultados de estos cambios no son al instante, el cambio es en un instante cuando lo deseas y decides cambiar, claro que los resultados de estos cambios serán paulatinos acordes al tiempo aplicado.

"El principio de un hábito es como un hilo invisible, pero cada vez que repetimos al acto, reforzamos la hebra, agregamos otro filamento, hasta que se hace un gran cable y une irrevocablemente, el pensamiento con el acto." Orison

Todo momento es bueno para realizar cambios en nuestros hábitos, curiosamente nos gusta iniciar el año con nuevos propósitos en los cuales gran parte son cambios en nuestros hábitos, y para lograr conseguir resultados positivos en aquello que deseas alcanzar, necesitas considerar los siguientes pasos:

Prepárate. Muchas veces cambiar de habito te lleva a hacer modificaciones en tu forma de vida. Por ejemplo, cuando decidí ir hacer caminata a las 6:00 a.m., esta acción me regalo una hora más de tiempo, que no tenía contemplando y a veces la desperdicie por falta de orden. Si quieres cambiar un hábito viejo, tienes que saber con qué otras actividades puedes sustituirlo.

Dedica un tiempo específico. Si bloqueas una hora o un rato del día, para darle espacio a ese nuevo hábito, probablemente, te será más fácil seguirlo.

Identifica tus disparadores. Intenta este ejercicio, cierra los ojos y mentalmente visualiza tu rutina diaria, día a día. Piensa qué puede hacer que no mantengas este nuevo hábito… Qué situaciones, actividades, eventos, alrededor de ti, o pensamientos te mantienen en el viejo hábito. Si lo ves lo puedes resolver. Un hábito se establece después de hacerlo 21 días seguidos sin interrupción. ¡¡Ánimo y a darle que es posible!!

Definir un plan B. Si tú hábito tiene que ver con correr en el parque, todos los días, ¿qué pasa si llueve? ¿si te desvelaste?... Establece qué vas hacer si esto sucede.

Concéntrate en un hábito a la vez. Recuerdas a principio del año te propones cambios y te sientes muy entusiasmado(a) para hacer cambios en tu vida en todas las áreas, aprender cosas nuevas, mejorar salud, conocer más personas, escribir, crear un nuevo curso… Cuando estas en eso, detente y escribe cuál es tu prioridad, así llevaras pasos más consistentes para hacerlo de manera efectiva en poco tiempo.

Convéncete… Rendirse no es opción y hacerlo es el logro.

Escribe motivaciones, como:

¿Qué lograras con él?, ¿cuál es el beneficio?, eso que anotaste, léelo diariamente... es un estímulo.

Encuentra el peligro en seguir con lo viejo. La fruta prohibida siempre es la más dulce. El hecho de que te levantes muy temprano para hacer ejercicio, de repente hace que extrañes los días cuando podías dormir hasta tarde y quedarte en esas deliciosas cobijas calientitas. Concentra tu energía en las consecuencias de no hacerlo.

Pide ayuda. Aunque te parezca extraño, la mayoría de las veces la gente más cercana es la que apoya el saboteo, a veces porque no te quieren ver sufriendo en lograrlo. La manera más fácil es pídeles su apoyo, crea tu equipo de soporte, amigos, compañeros de trabajo, en casa.

Espero que hoy empieces a cambiar o crear algún hábito que te lleve a ser mejor, considerado estos simples pasos para ser y estar mejor. Así de fácil optimizan los líderes.

¡Atrévete y empieza!

Cambio de palabras

Conocer el SER de una PERSONA es de lo más sencillo, lo único que requieres es prestar toda la atención a ella, y sabes hay tantas formas, hoy te invito, a que practiques la atención por medio de la escucha activa, solo así, atiende sus palabras y podrás descubrir cómo es su alma, claro si eres un gran líder o dirigente de un equipo, es básico que prestes atención, para identificar a las personas con que te rodeas y con las cuales puedes formar y/o apoyar su desarrollo o transformación de ganar, ganar.

Es curioso cuando tu escucha es activa y dejas llegar un torrente de juicios de la persona, puedes identificar una parte de su percepción de sí misma y su entorno. Recuerda que el lenguaje es generativo de identidad y crea gran parte de la realidad, para cada quien.

"Cuando cambias la manera de ver las cosas las cosas cambian." W. Dyer

En ocasiones es necesario cambiar nuestra forma de hablar como base para cambiar nuestra forma de pensar y nuestras acciones, la práctica de un cambio de palabras, nos apoya la realización de cambios de entornos emocionales para un mejor desarrollo, sobre todo con la verbalización de juicios positivos.

Cuidado es de la misma forma que demostramos, lo que creemos más guardado dentro de nosotros mismos, tan simple como una expresión ante los demás. ¿Y tú ya te escuchaste como expresas juicios propios y de tu entorno?

Mi querido amigo(a) los pensamientos, sentimientos y la actitud que tenemos ante las situaciones que se nos presentan en la vida es lo que hace la diferencia en el poder de crear las condiciones de vida, recordemos que la verdadera libertad no está en lo que hacemos, si no, en la forma que elegimos vivir lo que hacemos…

Recordemos que el auto sabotaje se relaciona con que tienes o quieres tener y no con los resultados que quieres:

-Cuidado he, es el autosabotaje es lo único que se interpone entre tu deseo y una acción para lograrlo, y ten presente cuando decides cambiar una acción para lograr una meta, por ejemplo: si deseas comprar un automóvil y tu pensamiento te gana respondiendo, que auto ni que nada, estas sin dinero, tu ni puedes, te falta tiempo, requieres vender más, bla, bla, bla… Y zasssss te saboteaste, es aquí donde vamos a recordar esos detalles de cómo funcionamos, es decir, la importancia relevante de auto conocernos.

-Una es el creer que quieres algo, que en realidad no quieres en cuestión de resultados. Hay veces en que crees que quieres lo que en realidad la sociedad o los que te rodean te dicen que deberías querer; y eso crea una división interna que te hace estar confundido o confundida, porque crees que lo quieres, pero no haces nada para conseguirlo, o bien no te sientes feliz una vez lo has conseguido. La solución a esta situación, es por supuesto, aclarar qué es lo que tú realmente quieres, teniendo en cuenta tus valores, necesidades y prioridades, sin dejarte influenciar por el entorno en el cual estas.

-Otra es la falta congruencia con lo que dices que quieres, piensas y haces. Está en el tema de ser congruente con lo que quieres. Si realmente quieres algo ¡tienes que comportarte con coherencia! Por ejemplo: si dices que quieres cambiar de una actitud negativa pesimista a positiva optimista, pero no haces nada para buscar las formas de cambio. Dices que quieres estar más sana, pero no haces ejercicio ni comes de manera más saludable. Dices que quieres darle un giro a tu vida, pero sigues haciendo exactamente lo mismo...

Ser congruente con lo que quieres significa que todo lo que hagas esté enfocado a lograr lo deseado.

Te comparto sencillas formas de acercarte al logro, para iniciar es indispensable la decisión de hacerlo, una vez que decidas hacer un cambio, hazlo público, es una forma de comprometerte contigo. Pero no sólo eso, ser congruente también incluye controlar tu lenguaje corporal y tus mensajes internos, lo que te dices a ti mismo o misma. Es decir, las palabras con las que nos referimos a nosotros mismos, por ejemplo: "Soy capaz y puedo hacerlo" "Lo hago" (nada de intentos) "Es fácil para mí", la frente en alto y con una sonrisa siempre, pase lo que pase, yo puedo garantizarte que después de una rutina de cambio por un mes, si llegas a dudar del grado de dificultad notaras que realmente todo es fácil. Es importante hacer mención de seguir una rutina en un mes, implica práctica diaria, si tenemos algún detalle o falla simplemente iniciamos de nuevo hasta lograrlo.

¡Ya te disté cuenta, como es cuestión de actitud!

"Cuando mi cuerpo y mis palabras armonizan, envío a mi cerebro señales inequívocas de lo que pretendo. Y mi mente actúa en consecuencia."

¿Por qué crees que todos los que tiene éxito dicen que la mentalidad es importante? Es fácil pensar que si conocieras las estrategias que usan, los truquitos que tienen, tú conseguirías lo mismo. Tan simple como seguir la receta y al obtener resultados, elaboras la propia.

Te animas, es sencillo, te repito una vez más la invitación a iniciar por hacer estos cambios:

1*Cambios gramaticales "Debería sacar algo de tiempo..." por "Quiero sacar más tiempo para mí y lo voy hacer" o "Voy a sacar más tiempo para mi" hablando con seguridad y la cabeza bien alta, nada de suspiros desgarradores, ni dudas de lo que menciona, fuerte y con firmeza "empezamos fingiendo y terminamos creyendo".

2*Diseña un plan de acción. Recuerda la importancia de hacerlo por escrito y empezar cuestionamientos para especificar con presión tiempo exacto. ¿Cuánto tiempo quieres sacar? ¿De dónde lo vas a sacar? (siempre se puede sacar tiempo, no te engañes, es cuestión de prioridades y de organizarse bien). ¿Cuándo vas a empezar? ¿Qué quieres hacer en ese tiempo?

3*Acción. ¡El tomar acción es lo único que te dará resultados, así que a cambiar y obtener lo mejor ya! Sé congruente, con los que sientes, piensas, hablas y actúas.

A decirle adiós las excusas... accionar!

Tu éxito no lo determina que tan duro devuelvas los golpes de la vida... Si no que tan bien sepas aguantarlos.

Por eso a partir de este momento vamos a empezar a familiarizarte con los riesgos inteligentes.

Estudiar en una universidad implica un riesgo económico y una inversión grandísima de tiempo, pero puede llegar a ser un riesgo muy inteligente... y así como ese existe otros, todos tienen sus beneficios y sus falencias.

Me atrevería a decir que el 100% de las personas sienten miedo cuando están a punto de hacer un cambio que puede mejorar su vida. Algunos más que otros, por supuesto.

El miedo aparece cuando no conocemos algo, cuando nos sentimos a oscuras y no alcanzamos a entender muy bien lo que nos sucede.

Es natural... cualquier tipo de cambio o de mejora en tu vida demanda una inversión: demanda tiempo, atención, dinero o en algunos casos todas las anteriores.

A medida que vamos comprendiendo mejor como funcionamos nosotros, los demás, y el mundo en el que vivimos, ese miedo empieza a desaparecer y se convierte en entusiasmo y se empieza a sentir un deseo incontrolable de hacer nuevas cosas. Ya no existen más nuestras viejas barreras.

Casi todo lo que haces, incluido tomarte unas vacaciones o quedarte desempleado sin hacer nada, implica dinero, desde pagar una casa, invitar a la persona amada, dar un regalo, pagar los servicios, tener educación, comprar la comida, ahorrar para complacerte en algo, etc. La lista es interminable. Buena razón, si quieres más dinero para algo, prepárate: a partir de ahora empezaras a mejorar para ganar aún más dinero. Reactivar nuevas claves para mejorar resultados en general. Ten en cuenta que hay otras ganancias además de dinero, relaciones, satisfacción, retos logrados, etc.

El camino siempre será sencillo, pero nunca es fácil. Podrías estar a unos cuantos pasos de encontrar algo que estuviste buscando durante unos años: ¿O para qué trabajas?

Iniciar por ser conscientes de lo que vivimos es básico para hacer cambios, es ese reactivar del que te comento.

1- Si un día te das cuenta de que tu vida no funciona... es culpa tuya

Cuando decidas que tus problemas son tus problemas y dejes de quejarte de tu educación, de tu familia, de la situación política, de tu pareja, etc. tomarás el control pleno de tu destino. Tu situación actual es fruto de tus decisiones pasadas y tu futuro se forja con tus decisiones presentes. Tienes dos opciones: aguantarte o hacer algo por solucionarlo, pero no te quejes.

2- Si te sorprendes un día diciéndote que el dinero no da la felicidad, pregúntate si te estás consolando con algunas fabulas.

Efectivamente el dinero, especialmente el de los demás, no da la felicidad. Hay muchos elementos aparte del dinero para una vida completa: la salud, el amor, el compartir con los demás, entre otros. Pero ¿Cómo puedes ser un modelo para tus hijos, ser un buen marido o mujer, un gran empresario o un ciudadano integrado en la comunidad, que contribuye a ella si ni siquiera puedes pagar tus facturas?

3- Si sólo frecuentas perdedores acabarás siendo tú también un perdedor

Si tomas tus decisiones escuchando la opinión de los perdedores, acabarás siendo un perdedor también. La mediocridad se siente amenazada por cualquiera que se atreva a actuar de manera distinta y a obtener diferentes resultados. ¿Cómo son tus amigos? ¿Ambiciosos, orientados al futuro, a la mejora personal y llenos de proyectos? ¿O son más bien personas realistas que gustan de criticar cualquier cosa y se quejan de su mala suerte?

4- Si no te gusta tu cuerpo no te quejes, a nadie más le interesa que a ti mismo.

A los 20 años tu cuerpo depende básicamente de tus genes, a partir de los 35 tienes el cuerpo que te mereces. ¿Alguien te obliga a comer todo lo que comes? ¿Quién te impide hacer algo de ejercicio regularmente?

5- Si miras mucha televisión y lees muchos periódicos nunca alcanzarás tus metas.

La gente dedica una media de 20 horas a la semana mirando la televisión y unos 30 minutos diarios a leer el periódico. ¡Qué pérdida de tiempo! Todo ese tiempo lo podrías dedicar a realizar tus sueños, a hacer ejercicio, a estar más tiempo con tu familia, a estudiar, a divertirte con los amigos, etc. La falta de tiempo es la excusa número uno de los perdedores.

6- Si esperas que venga alguien a motivarte y a sacarte de tu letargo, ponte cómodo.

Asume de una vez por todas que tú eres el único responsable de tu motivación, no esperes los ánimos de los demás para lanzarte y perseverar en la consecución de tus objetivos. Háblate positivamente todos los días, haz una lista de tus éxitos pasados y reléela con frecuencia, visualiza los éxitos que deseas, haz planes, ponte en marcha.

7- Si escuchas en exceso la opinión de los demás no irás muy lejos

¡La crítica puede llegar a ser destructiva, y hay que ver lo sensibles que solemos ser a ella! Cambia la percepción y da gracias por ser criticado, ya que ello significa que estás haciendo algo importante; una crítica es un regalo que puede descubrirte un aspecto en el que no habías reparado. Eso si hablamos de críticas constructivas, para las críticas que sólo buscan dañar, relee el punto 3.

8- Si alguien te propone una inversión únicamente por el beneficio económico que conlleva, piénsatelo dos veces.

Las personas de éxito no buscan "atajos" para enriquecerse rápidamente. Concentran sus esfuerzos y sus economías en hacer muy bien aquello que les gusta y que dominan.

9- Si un día crees que lo sabes todo, es que todavía te queda mucho por aprender.

La persona exitosa siempre está mejorando y aprendiendo, nunca te sienta en sus laureles.

Calidad

De inicio, deja de quejarte, porque tú, y solo tú, eres la causa de todo lo que te pasa.

Cambia esa actitud de victima diciendo que la situación está difícil, eso solo indica, que esta solo para ti. Sabes déjame decirte que hay miles de personas para la cuales nada es difícil.

Deja el pensamiento de que el dinero esta escaso. Eso será en tu casa y en la de tus conocidos; abunda en muchas partes, en casa de quienes trabajan efectivamente, cuando son cumplidos y ordenados.

¡No te engañes! Tú eres la causa de todo lo que te acongoja, de tu escasez, de tu mala situación, de tus dificultades y de tus desdichas: La causa eres tú.

Aprende de los fuertes, de los activos, de los audaces, de los valientes, de los enérgicos, de los que no ponen excusas, de los que no conocen dificultades. Aprende de los que triunfan...

Se una personal más consciente. Deja de ser un títere; levántate, anímate, apúrate, muévete, espabílate, y lo tendrás todo.

Es curioso que, en estos tiempos actuales, la palabra calidad y su significado sea un término muy utilizado, que si la calidad de tal o cual producto o servicio, nos referimos a determinadas marcas o empresas y ¿dónde queda la calidad personal que practicas día a día?

Segura estoy, de que con el solo hecho de ser personas tenemos calidad, a un nivel que según nosotros nos hemos establecido, por lo tanto, vamos haciendo conciencia, en elevar un poco más nuestros niveles de calidad personal, recuerda que manteniendo nuestros estándares de calidad a medias nos llevara a medio querer, medio vivir, medio planear, medio hacer, medio lograr y con esto a mantenernos en la mediocridad.

"Calidad simplemente es hacer lo correcto cuando nadie te mira." El Haiku.

Empecemos por observarnos y ubicar nuestros estándares para ir poco a poco subiendo este estándar y así logrando un nivel de calidad siempre un punto arriba.

"Observa tus pensamientos, se convierten en tus palabras.

Observa tus palabras, se convierten en tus acciones.

Observa tus acciones, se convierten en tus hábitos.

Observa tus hábitos, se convierten en tu carácter." M Gandi.

Un ejemplo básico de un estándar de calidad personal, es nuestra disciplina en cuanto a la puntualidad, si nos identificamos en que estándar estamos y podemos mejorarlo, empezamos hacerlo y con esto subimos este nivel de calidad.

Ya eres un ganador y es indispensable tomar en cuanta tres aspectos fundamentales para lograr elevar nuestro estándar de calidad personal:

Mente: Mantener una clara atención y enfoque en lo que somos y las actividades que realizamos diariamente.

Corazón: Poner todo ese gusto y aceptación de nuestras labores, esa emoción de accionar, recuerden que cuando desempeñamos acciones con actitud positiva y un gusto en amar lo que hacemos, todo se pinta sencillo. Tomemos en cuenta el hecho de disfrutar el camino.

Constancia: Es importante entender que algunos resultados se dan paso a paso, el hecho de ser constante es la mejor inversión, que nos lleva al logro de los resultados que deseamos obtener.

¡Para ser feliz, tú eliges…Un simple cambio de estado de ánimo combinado con esa actitud mental positiva y ya está! Siente y goza ser un ser feliz. Prueba y aplica en estas tareas:

-Practica algún ejercicio.

-Desayuna. Estudios demuestran que desayunar te ayuda a tener energía, a pensar y a desempeñar exitosamente tus actividades.

-Agrádese a la vida todo lo bueno que tienes: Escribe en un papel 10 cosas que tienes en tu vida que te dan felicidad. Cuando hacemos una lista de gratitud, nos obligamos a enfocarnos en cosas buenas.

-Enfrenta tus retos: No dejes para mañana lo que puedas hacer hoy. Estudios demuestran que cuanto más postergas algo que sabes que tienes que hacer, más ansiedad y tensión te generas. Escribe pequeñas listas semanales de tareas a cumplir y cúmplelas.

-Pega recuerdos bonitos, frases y fotos de tus seres queridos por todos lados. Llena tu refrigerador, tu computadora, tu escritorio, tu cuarto… Tu vida de recuerdos bonitos.

-Siempre saluda y sé amable con otras personas: más de cien investigaciones afirman que tan solo sonreír cambia el estado de ánimo.

-Usa zapatos que te queden cómodos: "Si te duelen los pies te pones de malas".

-Cuida tu postura-Escucha música: Está comprobado que escuchar música, te despierta deseos de cantar y bailar, esto te va a alegrar la vida.

-Siéntete Guapo(a): La gente se sienten más felices, cuando piensan que se ven bien. Ni seas ni te veas fodongo ¡Arréglate y ponte guapa(o)!

-Disfruta lo que haces: Está comprobado que, no es hacer lo que quieres lo que trae felicidad al ser humano, si no querer y disfrutar lo que uno hace; de lo contrario te estarías suicidando en abonos.

-Ni te distancies de Dios: Religiosidad no es sinónimo de Espiritualidad, no te olvides de tu origen divino y mantente en contacto con Dios, descubre que solamente debes alinear tu mente y dejar que tus actos sean guiados por Él.

¡Relativamente fácil, verdad!

VI.
Técnicas Valiosas

Actitudes de Liderazgo

Esta técnica es sencilla, recuerdo la aprendí en un taller original del Sr. Zig Ziglar y con gusto hoy te comparto contigo, reconociendo su efectividad.

(Instrucción: Repite tres veces en tres tiempos diarios por 30 días.)

Yo soy_____, soy honesto, inteligente, responsable, organizado, fijo metas, soy un individuo comprometido cuyas prioridades están firmemente establecidas. Soy centrado, disciplinado, entusiasta, de pensamiento y actitud positiva, decido correr una milla extra, competente, activo, con concepto de equipo, abridor nato, determinado a desarrollar y usar todas estas virtudes de liderazgo en mi vida personal, familiar y de negocios. Estas son las virtudes de un ganador, para lo cual nací.

¿Tienes miedo?!Quémalo!

El miedo. Es un enemigo silencioso que impide que vivamos con alegría, sin prisas, urgencias ni remordimientos. El miedo nos bloquea para expresar nuestro potencial creativo y nuestra capacidad de expansión. El miedo nos frena y nos hace llegar tarde a las oportunidades, a veces ni siquiera nos deja llegar. El miedo nos aleja de la alegría, la felicidad y la autoconfianza.

Los miedos son una prisión, la causa básica de nuestro fraccionamiento y motivo de las neurosis que se han apoderado de nuestra sociedad.

Si algún miedo en especial te paraliza y deseas liberarte de él, es preciso que reconozcas que:

1. Cuando sientas que etas en crisis, recuerda es tu oportunidad que la existencia te esta dando, y las oportunidades son para quienes están alertas para aprovecharlas.
2. Hazte responsable por tu presente y deja de crear sufrimientos innecesarios, ahora conoces como elegir y actuar para crear gozo.
3. Identifica donde está la falta de confianza.
4. Abre tu corazón y despliega tus alas, arriesga el vuelo, es la única forma de saber hasta dónde te vas a elevar.
5. Deja el dolor, los sufrimientos y desengaños guardados. Recuerda requieres espacio para nuevas vivencias.
6. Las historias emocionan, pero vivirlas es algo más.
7. Reconoce tu valor, destaca esas actitudes y genera ganancias.

Recuerda la única forma de enfrentar el miedo es "enfrentándolo".

Te quiero comparto este ejercicio, está muy fácil de realizar:

Durante 21 días consecutivos: Consiste en destinar unos minutos de cada día a hacer planas o líneas, focalizando el tema de los miedos y quemándolos.

Necesitas:

-Papel blanco (puede ser tamaño carta u oficio)

-Lápiz de grafito o porta-minas (no tinta)

- Un envase grande para quemar el papel una vez finalizado cada ejercicio (puede ser una lata, por ejemplo)

- Fósforos (cerillas) o encendedor

Procedimiento: Con tu papel y lápiz escribe en letra clara y pensando muy bien cada palabra:

Yo........(pones tu nombre) .... libero mi miedo a .... (y completa la frase con la primera idea que venga a tu mente) Sigue escribiendo línea por línea: Yo........(pones tu nombre) .... libero mi miedo a .... cada vez lo que vaya surgiendo.

Deja que surjan las ideas espontáneamente. Cada línea una idea. Puedes repetir, si viene la misma idea a tu cabeza, o quizá surja una nueva idea. Lo importante es que escribas lo que te venga sin pensar, sin juzgar, sin censurarte nada, ni racionalizar. Incluso, aunque no te parezca cierto, escribe lo primero que pienses.

De este modo estarán saliendo a la superficie miedos guardados, que son la causa de muchos bloqueos en tu vida. No te detengas. Haz las líneas sin interrupción hasta llenar la hoja. Si sientes la necesidad de escribir por el reverso, hazlo.

Cuando hayas terminado de hacer las líneas, quema la hoja dentro del envase metálico. Que no quede papel sin quemar. Luego bota las cenizas sin derramarlas (puedes usar una bolsita plástica para ello).

Esta práctica diaria por 21 días continuos, te ayudará a liberarte de tus miedos.

Si transcurre un día sin poder hacer la práctica de la quémalos, deberás comenzar de nuevo, desde el día 1.

Si sientes algún miedo limitante, recuerda el miedo solo lo crea tu mente y si te está limitando a crecer o crear, utiliza esta práctica al pie de la letra y te garantizo que en un mes estará totalmente quemado. ¡Atrévete a enfrentarlo!

Solo 4 minutos y cambia tu día

Te recuerdo, lo que ya sabes, que dentro del proceso de pensamiento solo requieres de 4 segundos y es muy posible que aprendas a crear un día mejor.

Es una técnica muy sencilla que con gusto te comparto el día de hoy y te invito a incluirla como parte de tu ritual diario. Mañana es un buen día para iniciar su práctica hasta lograr el hábito.

Antes de esto te comentó, una persona después platicar con ella y haberla puesto a practicarla, me pregunta: ¿En cuánto tiempo se puede aprender esta técnica? Le respondí: En el mismo tiempo que te toma aprender, que poner el dedo en una taza de agua hirviendo te quema. ¡¡Dicen que es inmediato!!

Por la mañana, en ese mismo instante en que empiezas a sentir que eres consciente, que estas despertando, solo en esos primeros segundos piensa en particular algo, que lleve a sentir esa sensación de haber logrado lo que quieres para este día en particular, ese algo, que haga un día extraordinario.

Otra buena forma es crear una oración o frase que busques, solo recuerda que siempre este en positivo, especifico, motivante (una pisca de emoción) y que conlleve un agradecimiento. ¡¡Tienes la capacidad para esto y mucho más!!

"Es fascinante despertar con el pensamiento de que algo muy bueno esta por suceder."

Timo. Energía Vital

Es como una central de teléfonos por donde pasan todas las llamadas, hace conexiones para afuera y para adentro. Si somos invadidos por microbios o toxinas, reacciona inmediatamente produciendo células de defensa. También es muy sensible a imágenes, colores, luces, olores, sabores, gestos, toques, sonidos, palabras y pensamientos.

Lo curioso es que el timo queda bien pegado al corazón, que se acaba ganando todos los créditos con relación a sentimientos, emociones, decisiones, manera de hablar, de escuchar, estado de espíritu, etc...

¿Interesante no? Quizás estás pensando, pero ¿y qué con eso?

Resulta que, si quieres, puede ejercitar el timo para aumentar tu producción de bienestar y felicidad. Es de lo más sencillo, a practicarlo todos los días y al cabo de un mes, notaran que será algo de rutina y con beneficios ilimitados.

Por la mañana, al levantar, o en la noche antes de acostarse, el ejercicio es así:

De pie, las rodillas ligeramente dobladas, (la distancia entre los pies debe ser la misma de los hombros). Ponga el peso del cuerpo sobre los dedos y no sobre el talón y mantenga toda la musculatura bien relajada.

Cierre cualquier de las manos y comience a dar golpecitos continuados con los nudos de los dedos en el centro del pecho, marcando el ritmo así: una fuerte y dos débiles. Siga haciéndolo entre 3 y 5 minutos, respirando tranquilamente, mientras observa la vibración producida en toda la región torácica.

El ejercicio estará atrayendo la sangre y la energía para el timo, haciéndolo crecer en vitalidad y beneficiando también los pulmones, corazón, bronquios y garganta. O sea, llenando el pecho de algo que ya era suyo y solo estaba aguardando una mirada de reconocimiento para transformarse en coraje, calma, nutrición emocional, abrazo.

Ensayo Mental

Este ejercicio es muy común, quizás se muy familiar para ti. Eso si he, puede ser muy efectivo.

Imagínate que estás haciendo eso que quieres y está saliendo, así como te gustaría de bien, te sientes bien, con confianza y seguridad. Aquí el entrenamiento es todo, práctica una y otra vez, hasta sentirse muy bien, con confianza y seguridad. Te aseguro que tendrás resultados muy positivos.

Y que crees, lo puedes aplicar a cualquier situación. ¡Pruébalo!

Un ejemplo sencillo: El día de mañana pedirás apoyo a tu equipo de trabajo para generar nuevas ideas que se aplicaran en un nuevo proyecto. Te imaginas ya con ellos, así de fácil como estar pensando y generando esa película mental, a colores, con distancia clara, donde estas solicitando apoyo al equipo, observa la actitud de cada uno, y como cada cual te apoya con brindar ideas y comentarios, los cuales son muy acertados para concretar ese proyecto…

Afirmaciones

¡Motívate para tus metas y logros!

Amigos Dios nos creó con las semillas del éxito, a todos nos dio ese chip y en este implanto grandes metas y objetivos para cumplir, para tu felicidad y tu prosperidad.

Hay tantas frases de afirmación como tú quieras formar, si deseas alcanzar un desarrollo personal, profesional y empresarial en tu vida. Es otra forma de reprogramar nuestra mente.

Te sugiero aprende a repetir, escribir y tener presente estas frases varias veces al día de frente y en voz alta, con fuerza, emoción, poder y autoridad. Siempre con una postura de visión a lado derecho...

Iniciando como sigue:

YO, Marine – YO, Oscar – YO, Martin – YO, Alondra – YO, Monica – YO, Karla Tengo GRANDES METAS, aunque algunas veces aparentemente parezca que están ocultas, esas metas y anhelos de éxito, siempre están conmigo, en mi corazón y es mi deber alcanzarlos.

Deseo ALCANZAR EL EXITO, quiero ser una persona absolutamente comprometida, y luchare hasta alcanzar mis ideales sin ninguna excusa, ¡el éxito es mío! me pertenece.

Soy una PERSONA COMPROMETIDA con mi éxito, mi abundancia, mi felicidad y seguiré hasta lograrla.

Tengo y POSEO LOS TALENTOS necesarios para conquistar mis metas, porque Dios me creo a su imagen y semejanza para ser un triunfador.

Tengo una VISION CLARA y DEFINIDA de lo que quiero ser, hacer y tener.

Soy una PERSONA DE EXITO y me siento, sin ningún temor, que me impida alcanzarlo.

Me merezco el mejor ESTILO DE VIDA y estoy dispuesto desde ya a trabajar con constancia, por lograrlo con la ayuda de Dios.

Mi ACTITUD MENTAL POSITIVA siempre está vibrando para obtener las mejores cosas que la vida ofrece.

Soy un SER VALIENTE que nunca me conformo con enfrentar las situaciones adversas sino en vencerlas.

Soy un ser de EXCELENCIA Y DE ACCION, porque Dios me dio esos poderes para ser más que vencedor.

Yo tengo ACTITUD DE VENCEDOR y espero con Fe en Dios, que la vida me da excelentes resultados-

Tengo establecido que TODOS LOS DIAS SON POSITIVOS, terminaron los días malos, y que cada día, hay grandes oportunidades de prosperidad y abundancia financiera para mí y mi familia.

Soy una persona SEGURA DE MI MISMA(O) y ningún miedo ni temor me hará desistir de alcanzar el éxito.

Soy una PERSONA DE FUERZA, ARRANQUE y OPTIMISMO y por ello, nunca hay cabida para el desánimo, los pensamientos perdedores ni la apatía, ¡me gano el éxito!

Me niego de manera contundente a ACEPTAR EL FRACASO desde cualquier punto de vista, para nada forma parte de mí, solo nací para triunfar.

Solamente tengo HABITOS DE SUPERACION PERSONAL Y EXCELENCIA, que me hacen sentir grande entre los grandes, pero con un corazón humilde y bondadoso.

Una vez que he puesto todos mis sentidos en una META, POR NADA ME SALDRE DEL CAMINO, porque creo que realmente Dios me está ayudando a cumplirla.

Gimnasio Emocional

Si realmente quieres iniciar con mejorar la gestión de tus emociones, este ejercicio es muy efectivo, inicias practicando y te aseguro que con tres practicas por emoción, considerando aquellas sensaciones que te están ganando la carrera, pueden ser gestionadas muy efectivamente. ¡Practica y mejora!

1. Te invito a regalarte un minuto en silencio, de pie y a solas, respira profundo 8si es necesario 2 o 3 veces muy

profundamente), evocar una situación donde ha sentido falta de control emocional (solo recuerda esa emoción que sientas querer hacer un cambio), ya tienes el recuerdo claro, ahora ubica que se siente, donde se siente, se mueve, tiene algún sonido, después del 1 al 10 que intensidad se siente, ponle un color. Muy bien, es fácil verdad.

2. Y con un paso a la derecha, proyecta esa imagen con ese sentir hacia enfrente, como verte a ti mismo en la pantalla de televisión con esa experiencia y ahora nota como te ves, que tal te escuchas y sientes en esa experiencia. Que te dice esa emoción en particular que identificaste, que mensaje tiene para ti.

3. Seguido de un movimiento, dando otro paso a la derecha, solo piensa en tres alternativas más efectivas que podías reaccionar ente esa experiencia y obtener mejores resultados.

4. Tomar la mejor alternativa y pregúntate, es buena para ti y los demás, si tu respuesta es positiva, ya está. Presiona fuerte tu dedo índice y recuerda de nuevo la experiencia con un manejo y reacción ante lo que sentiste con la alternativa de mejora. Mantelo ahí tres minutos, esa sensación de reaccionar diferente ante la experiencia y la presión de tu dedo.

5. Ahora piensa, en un futuro que pasara una situación similar, como vas a gestionar lo que sientes, como vas a responder, ya tienes tantas opciones para elegir y recuerda presionar tu dedo pulgar.

6. Evalúa, recordando de nuevo la emoción que elegiste de inicio con la experiencia que practicas este ejercicio, y nota como cambio el sentir de esa emoción, del 1 al 10 que intensidad sientes ahora.

Solo como recordatorio, te menciono que nadie, pero nadie puede saber la efectividad de un sencillo ejercicio a menos que lo realice.

Te quiero compartir un secreto, en voz baja y suave a tus oídos, te quiero hablar de una magnífica persona que tú conoces, si esa persona que ves, escuchas seguido y que te has dado cuenta que últimamente tiene sensaciones diferentes, cambios logrados, nuevos horizontes por descubrir, sueños claros, emociones de curiosidad al aprender, y mucho más.

Con decisiones avanza y por momentos siente dudas, con calma ya empezó a descubrir lo que lleva dentro, y es tiempo de que sepa, lo que cree que no sabe, que está en una búsqueda constante de aquello que busca sin saber, que ya lo tiene. Con honestidad viste un disfraz de libertad. Cuando sienta el cambio, quiere ver su verdadero rostro como un ser feliz. :)

Sin despedirme te digo hasta pronto, aprovecho este medio por el cual platico contigo, decirte que deseo de todo corazón logres ser, hacer y tener o estar donde quieras que te lleve a la felicidad. Agradecer infinitamente tú tiempo y espacio para esta platica. Bendiciones para tu vida.

"Solo quien voltea al cielo, es capaz de sentir la radiante luz de las estrellas que iluminan el entorno, para aclarar el panorama que se confunde en la sombra." Karla Garcia.

KARLA GARCIA

Facebook: Karla García
Twitter: @karlagarcia
www.milibretacoaching.com

www.ingramcontent.com/pod-product-compliance
Lightning Source LLC
Chambersburg PA
CBHW070234180526
45158CB00001BA/500